大学英语教育
与多元化教学模式研究

朱凌奕　陈德凤　田志远◎著

图书在版编目（CIP）数据

大学英语教育与多元化教学模式研究 / 朱凌奕, 陈德凤, 田志远著. -- 长春：时代文艺出版社, 2023.11
ISBN 978-7-5387-7255-5

Ⅰ.①大… Ⅱ.①朱… ②陈… ③田… Ⅲ.①英语－教学研究－高等学校 Ⅳ.①H319.3

中国国家版本馆CIP数据核字(2023)第205601号

大学英语教育与多元化教学模式研究
DAXUE YINGYU JIAOYU YU DUOYUANHUA JIAOXUE MOSHI YANJIU

朱凌奕　陈德凤　田志远　著

| 出 品 人：吴　刚 |
| 责任编辑：邢　雪 |
| 装帧设计：文　树 |
| 排版制作：隋淑凤 |

出版发行　时代文艺出版社
地　　址　长春市福祉大路5788号　龙腾国际大厦A座15层　（130118）
电　　话　0431-81629751（总编办）　0431-81629758（发行部）
官方微博　weibo.com/tlapress
开　　本　710mm×1000mm　1/16
字　　数　206千字
印　　张　14.25
印　　刷　廊坊市广阳区九洲印刷厂
版　　次　2023年11月第1版
印　　次　2023年11月第1次印刷
定　　价　76.00元

图书如有印装错误　请寄回印厂调换

前　言

当今时代是一个全球化的时代，世界各国在政治、经济、文化等领域正在以空前的广度与深度进行交流。与此同时，文化多元化也呈现出不可逆转之势。如何在多元文化发展的大环境下，更好地进行英语教学，培养出大批复合型的优秀外语人才，是摆在我们面前的艰巨任务。纵观我国的英语教学研究，还主要停留在所谓的语言差异与文化差异的分析上，缺乏对"多元文化"这一全新理念的深入探究。

大学英语教学对大学生的未来发展具有现实意义和长远影响，它不仅有助于培养学生的国际意识，提高其人文素养，同时还可以为学生的知识创新、潜能发挥和全面发展提供一个基本的语言工具，以应对全球化时代的挑战和机遇。大学英语教学作为学生学习英语的重要途径，仅仅把教育教学的重点放在让学生掌握英语基础知识以及运用知识上是远远不够的，要想使学生学好英语这门重要的课程，还需要对文化教学给予足够的重视。

基于此，作者撰写了《大学英语教育与多元化教学模式研究》一书，在本书中详细介绍了多元文化教学对大学英语教育教学的重要影响以及它们之间的必然联系。首先概述了多元文化的内涵和英语教学的概况，并分析了多元文化教育与大学英语教学的关系、大学英语教学模式以及多元文化教育背景下的大学英语教学模式，然后探讨了多元文化教育背景下的大学英语教学方法，最后再展望大学英语教学的未来。

  作者在撰写本书的过程中，参考了大量相关的学术文献，也得到了许多专家学者的帮助和指导，在此向他们表示真诚的感谢。本书内容较为系统全面，论述条理清晰且深入浅出，但因作者水平有限，书中难免会有疏漏之处，请广大读者批评指正。

目 录

第一章 多元文化

第一节 多元文化的缘起 …………………………………… 001
第二节 多元文化的内涵 …………………………………… 004
第三节 多元文化教育 ……………………………………… 014

第二章 英语教学概况

第一节 英语教学概述 ……………………………………… 022
第二节 高校英语教学的改革历程与现状 ………………… 043

第三章 多元文化教育与大学英语教学的关系

第一节 大学英语教学是实现多元文化教育的有效途径 … 052
第二节 多元文化教育对大学英语教学的影响 …………… 055

第四章 大学英语教学模式

第一节 教学模式概述 ……………………………………… 070
第二节 教学模式的理论基础 ……………………………… 075
第三节 大学英语教学模式发展现状 ……………………… 081
第四节 大学英语教学模式改革理论与实践 ……………… 091

第五章　多元文化教育背景下的大学英语教学模式

  第一节　探究式学习 …………………………………… 097
  第二节　合作学习 ……………………………………… 106
  第三节　任务型教学 …………………………………… 128

第六章　多元文化教育背景下的大学英语教学方法

  第一节　情境教学法 …………………………………… 144
  第二节　交际教学法 …………………………………… 158
  第三节　自主学习法 …………………………………… 177

第七章　大学英语教学的未来展望

  第一节　我国大学英语教学的未来发展方向 ………… 194
  第二节　个性化大学英语教学模式的建构 …………… 196
  第三节　网络环境下大学英语教学的优势 …………… 202
  第四节　网络教学环境下高校英语教师角色特征分析 … 205
  第五节　课堂教学与网络教学相结合的教学模式 …… 209
  第六节　"互联网+"背景下的大学英语教学变革与创新 … 214

参考文献 ……………………………………………………… 218

第一章　多元文化

第一节　多元文化的缘起

随着全球化的到来，不仅中西方文化间相互渗透、相互融合，不同民族文化间也在相互交流与融合，我国呈现出了多元化的发展态势，真正进入了多元文化的发展时代。从多元文化形成的具体原因来看，主要归于以下方面。

一、时代背景

改革开放以来，我国取得了举世瞩目的成就，经济得到了迅速发展，社会团结和稳定，教育和科技也在不断进步。在这样的时代背景下，我国的社会结构、人们的思想观念以及文化的组成结构都发生了巨大的变化。

（一）社会结构的变化

随着改革开放的深入，我国的社会结构也发生了很大的变化，具体表现在四个方面。

首先，我国社会的经济成分发生了改变，在所有制结构的基础上出现了多种经济成分，除了传统的国有经济和集体经济外，个体经济、私营经济、合资经济、股份经济等经济形式纷纷出现。

其次，社会组织形式也发生了变化，随着市场经济的发展，工会、共青团、消费者协会、行业协会等组织纷纷出现。

再次，我国社会的利益分配形式也发生了重大变化。分配形式的多样化取决于公有制实现形式的多样化，各种分配形式的出现使得分配制度在按劳分配之外也出现了其他的形式。

最后，社会就业形式发生了变化。过去，我国传统的就业形式只有全职就业一种形式，改革开放之后，诸如自营就业、临时就业、兼职就业、非全日制就业等多种就业形式出现在实际工作中。

（二）思想观念的变化

伴随着社会结构的变化，人们的思想观念也出现了改变。一方面，经济体制的改革和市场经济的快速发展促使人们逐渐树立起自主、竞争和高效等意识，人们思想观念的变化进一步促使人们整体素质的提高，这对于社会的进步和个人的全面发展都产生着重要的作用。另一方面，市场经济的发展推动了以价值规律为基础的交换法则出现在人们的生活中，这对于人们改变生活和交往方式也起到一定的促进作用。

（三）外来文化的冲击

对外开放，尤其是文化产业和教育市场的对外开放，使大量的影视音像制品进入我国，使出国工作、出国求学、出国旅游及来华工作、求学、旅游的人逐渐增多，再加上外资企业等的影响，不仅使我国的文化领域空前活跃，而且国外尤其是西方的各种理论、思潮、生活方式、价值观念也对人们的思想观念和生活方式造成极大的冲击，如哲学方面的人本主义思潮、唯科学主义思潮；经济方面的新古典综合派、新制度学派等；政治方面的新自由主义、新保守主义等；文艺方面的象征主义、表现主义、超现实主义等；新闻方面的报刊自由主义理论、报刊社会责任理论等；军事方面的西方国家安全理论、西方战争观与战争理论等。改革开放使各种异质文化、思想、观念交融在一起，多元文化的态势日益明显。

二、经济全球化的发展

从 20 世纪 90 年代以来，经济全球化开始成为世界经济发展的一个重要特征。经济全球化主要是指世界各国、各地区在生产、分配、消费等方面逐步形成的经济活动一体化的状态。经济全球化不仅促进了世界各国经济的发展，而且也推动了多元文化的交流和沟通。经济全球化的发展对多元文化发展的影响主要表现在以下方面。

（一）从从事经济活动的人员来看

跨国投资、国内外合作、合资企业等经济活动中都需要邀请不同文化背景的人共同参与，在这些经济活动中，不同文化背景的人通过交流和沟通，就会更加了解彼此的文化背景。因此，国内外合作的经济活动也可以看作是一种多元文化的交流。

（二）从经济活动交易的产品来看

从经济活动中交换的产品来看，由于任何一种社会化产品都反映一定时代人类社会的生产力水平，因而它也是一种文化载体，具有文化价值，是一种物化的文化，无论其文化倾向、文化品位、审美情趣如何，都反映了一定的观念意识、精神追求、价值取向和文化心理，通过这些产品我们可以了解其他国家的些许文化特征。

（三）从经济活动的媒介来看

从经济活动的媒介，也就是纸币来看，虽然随着网络信息化的发展，更多的经济活动选择以电子货币的形式完成交易，但是纸币仍然是目前商品交换中不可替代的媒介。纸币上印有的图腾、图案设计等都代表了使用这一纸币的国家或地区的文化特色。也就是说，纸币实际上就是体现一个国家文化特色和文明程度的重要形式，我们可以通过纸币来研读一个国家或一个民族的历史和传统。

三、网络技术的飞速发展

计算机的发明和网络时代的到来为人们带来了新的交流沟通方式。人们只需要拧一个按钮就可以听到天下大事；只要按下遥控器，就可以了解世界各地的景象和奇观；只要拨打电话，就可以同在世界各个角落的亲人、朋友取得联系。

在整个信息通信业的发展中，互联网无疑是一个最大的亮点。信息时代为人类带来了互联网，在很短的时间之内，它迅速在全世界范围内蔓延开来，成为人们购物、就医、学习、办公、交友的重要方式。互联网打破了国家和地区之间的界限，使地球成为一个村庄，在这个村庄上生活的不同国籍、不同宗教信仰、不同民族的人类都可以在网络社会中交流，在很大程度上缩短了人与人之间的距离。

互联网的迅速发展不仅有助于人们对自己国家或民族的行为方式和生活习惯产生更加深刻的理解，而且也为不同民族之间的相互理解和学习创造了条件。

第二节　多元文化的内涵

一、对文化的理解

（一）"文化"的由来

最初，"文"和"化"是各自单独使用的，"文"有"文"的意义，"化"有"化"的意义。从有关辞书的述证看，"文"有20多种含义。《说文解字》说："文，错画也。象交文。"按照《殷周文字释丛》的作者朱芳圃的解释，"文即文身之文"，"文"和"纹"相通。"文"是因为"文身"而起的，它是先民们在胸前刻画线条的一种象形。因为刻画会有一定的轨迹，所以"文"又具备了"条理"的意义。"化"最初是就生育现象而言。《殷周文字释丛》说，"化像人一正一倒之形"，这符合母产子的情况。《吕氏春秋》云："（纣）剖孕妇而观其化；杀比干而视其心。"高诱注："化，育也。"在词义上，"生"和"育"可以互释。既然如此，"化"便是"生"的一种标志，故有"化生"一词流行于世。在中国古代，所谓"化"还有"教化""感化"的内涵。由于"化"与"文"存在着某种互通之处，古人便渐渐把它们联系起来使用。"观乎天文，以察时变；观乎人文，以化成天下。"这句话的意思是说："观察大自然纹理征兆之情状、寒暑阴阳之更替，可以知道四季的变化规律；观察人类社会伦理关系，'成乎文章'，可以教化天下，成就大治之业。"由此可知，所谓"文化"即由"人文以化成"缩略而来。

（二）"文化"的界定

对"文化"的界定，学者们为之困惑了整整一个多世纪，成了名副其实的世界级难题，被称为学术界的"斯芬克司之谜"。美国人类学家克罗伯和克拉克洪分析了五花八门的"文化"定义，竟发现有160种定义，他俩又给加上了一条，成了161条。对文化究竟有多少种界定，至今很难有确切的统计。在我国，近代学者梁启超、胡适、陈独秀等都曾对"文化"下过定义。近几年来，我国潜心于文化研究的学者、专家也对文化概念发表了各自的观点。有人说，文化就是知识；有人主张，凡是区别于自然的就是文化；有人说，文化是生活方式的总和；有人指出，关系人类社会生活中的文学、艺术、科学、哲学、道德、风尚等精神方面的内容，即是文化。《辞海》中说，文化，广义上是指人类社会历史实践过程中所创造的物质财富和精神财富的总和，狭义上是指社会的意识形态，以及与之相适应的制度和组织机构。总之，众说纷纭，莫衷一是，难成共识。

1. 汉语中的文化含义

在古代汉语中，"文化"是"文"与"化"两个字组成的复合词组。殷商甲骨文的"文"字,像一个袒胸而立,身有花纹文饰的人,后引申为各色交错的纹理。例如,《易》说:"物相杂,故曰文";《礼记》称:"五色成文而不乱";许慎《说文解字》认为:"文,错画也,象交叉"。由此进一步引申为文字典籍、礼乐制度、文德教化等含义。因为与"五色成文"有关,"文"字又有了与"质""实"相对的含义,可引申为精神修养,德行美善之义。《论语》称:"质胜文则野,文胜质则史,文质彬彬,然后君子。"意思是说,质朴超过文采,就有点粗野;文采超过质朴,就有点虚浮。只有文和质比例匀称,才是个君子。汉儒郑玄注《礼记》时说:"文犹美也,善也。"

"化"字本义指改易、生成、造化。《庄子》:"化而为鸟,其名为鹏";《易》:"男女构精,万物化生";《礼记》:"赞天地之化育",表达的都是这层意思。由自然万物的生成、变易,引申出对伦理道德、社会文明的化成等教育与塑造过程的表达。

将"文""化"二字复合起来使用,是春秋战国以后的事情。《易》:"刚柔交错,天文也。文明以止,人文也。观乎天文,以察时变;观乎人文,以化成天下。"这里的"文"就是从纹理之意演变而来的。日月往来交错,文饰与天,就是"天文","天文"指天道运行的自然规律。"人文"则与天文相对,指人际之间纵横交错的社会关系、人伦规范和风土民情。人类社会中的君臣、父子、夫妇、兄弟、朋友等,构成复杂网络,具有纹理现象。这段话是中国古代传统政治和文化思想的集中体现,讲究为政治国,需通过观察天象变化,把握自然规律和时令变化。同时,对于人间生活百态,要因势利导,随宜教化,使天下之人都能遵从文明礼仪,以实现理想的治理局面。在这里,"人文"与"化成天下"紧密相关,"因文教化"或"以文教化"的思想已十分明确。西汉的刘向作《说苑》,开始将"文""化"二字联为一词。他说:"圣人之治天下也,先文德而后武力,凡武之兴,为不服也,文化不改,然后加诛。"其后,晋人束晳提出"文化内辑,武功外悠",意思是"以文化辑和于内,用武德加于外远"。很明显,在古汉语的表达系统中,"文化"一词的本义是与"武功""武力"相对的概念,指以文德教化天下,这里面既有政治主张,又有伦理意义。

在现代汉语中,"文化"一词既指一般知识,也指运用文字的能力,如"他是一个有文化的人"。

中文《辞海》对文化一词的解释是:"从广义来说,指人类社会历史实践过程中所创造的物质财富和精神财富的总和。从狭义来说,指社会意识形态,以及与之相适应的制度和组织机构。文化是一种历史现象,每一社会都有与之相适应的文化,并随着社会物质生产的发展而发展。作为意识形态的文化,是一定社会的政治和经济的反映,有给予巨大影响和作用于一定社会的政治和经济。在有阶级的社会中,它具有阶级性。随着民族的形成和发展,形成民族的传统。文化的发展具有历史的连续性,社会物质生产发展的历史连续性是文化发展历史连续性的基础。无产阶级文化是批判地继承人类历史优秀文化遗产和总结阶级斗争、生产斗争和科学实验的实践经验而创造发展起来的。"

2. 社会学的"文化"定义

理解文化是理解人类社会生活的基础,因为文化表现了一个民族社会生活的方方面面。如一块石头,自然状态下的石头,不具备文化意蕴,但经过人的打磨,便注入了人的价值观念和劳动技能,从而进入了"文化"的范畴。人打磨石器的过程,人在这一过程中知识水平和技能的提高,人在这一过程中结成的社会关系,以及最后完成这件包含着人的价值取向的石器,都是文化现象,均属"文化"范畴,也是最广义的文化。

在通常情况下,人们认为"文化"是一个人的行为、修养。例如,一个满腹经纶的教授,在公共汽车上看到老人和孕妇却不让座,而一个小学生在这种情况下主动让座,人们就有可能说,前者"有知识、没文化",而后者比前者更有"文化"。从这个意义上讲,专家教授的文化含量不一定就比农夫或小学生多。又如,一个人在拥挤的食堂里,既不大声喧哗,又不抢座占座,行为举止彬彬有礼,人们就认为他是有文化的人。同理,一个人若是举止粗野、口吐秽言，就是一个不文明的人、没文化的人。

在社会学看来，人类通过学习和发明等种种办法来适应各种各样的环境，这些世世代代流传下来，并经过不断地学习修改的生活方式，就是文化。例如，人们看见京剧、红灯笼、舞龙灯、踩高跷、太极拳等元素，就知道进入中华文化圈了；一听到拖长嗓子的长调民歌，就联想起辽阔的蒙古大草原。当一个国家具有高度精湛的艺术成就时，即称它为具有高度文化的国家。在这种意义下，便有社会学所使用的"文化"一词。

从社会学的意义来看，一碗四川辣糟面、一件旗袍，对人说一句幽默的或者俏皮的话，年轻人跳迪斯科、穿牛仔衣，老奶奶摘下路边小花戴在自己头上等，都是文化的一部分。因此，没有文字的部落人群，他们的歌声并不比深厚雄壮的交响乐缺少意义；殷商时代的人，在乌龟壳和兽骨上刻制的甲骨文并不比当代名画家的画缺少价值，那些东西虽然很原始、很简单，但对人类文化而言都是极为重要的。对于人类所有的发明和创造，社会学在文化概念的解释上都是一视同仁的，并都视若珍宝。

社会学意义上的文化，是一个社会群体的生活状态，是整个群体的人造环境，包括群体生活中所有物质和非物质产品，这些产品往往被一代一代地传递下去。

3. 考古学、文化学对"文化"概念的诠释

在考古学中，"文化"指同一历史时期的不依分布地点为转移的遗迹、遗物的综合体。同样的工具、用具，同样的制造技术等，是同一种文化的特征，如仰韶文化（又称彩陶文化）、龙山文化（又称黑陶文化）。

在文化学中，英国人类学家泰勒在《原始文化》一书里的定义为："文化，或文明，就其广泛的民族学意义来说，包括这个民族全部的知识、信仰、艺术、道德、法律、风俗以及作为社会成员的人所掌握和接受的任何其他的才能和习惯的复合体。"这个定义对学术界产生的影响一直延续至今。

克罗伯在《文化、概念和定义的批评考察》一书中指出："文化由外显

的和内隐的行为模式构成；这种行为模式通过象征符号而获知和传递；文化代表了人类群体的显著成就，包括它们在人造器物中的体现；文化的核心部分是传统的观念，尤其是它们所带的价值；文化体系一方面可以看作是活动的产物，另一方面则是进一步活动的决定性因素。"这一定义为当代文化界所接受，影响深远。

4. 马克思主义经典作家对"文化"概念的使用

马克思主义创始人没有给文化下一个专门的定义，但是他们曾经广泛地使用过文化的概念。例如马克思在《资本论》中，曾使用过"文化初期"等词语，《在哥达纲领批判》中有"文化的状态"等提法，并将"文化"与"财富"作为并列的范畴使用。这是从广义的角度使用文化概念的例子。从广义的角度看，文化包括物质、精神、制度、生活方式等多种因素，是人的社会生活实践及其产物的同义语。

列宁在《青年团的任务》中指出："只有确切地了解人类全部发展过程中所创造的文化，只有对这种文化加以改造，才能建设无产阶级的文化……无产阶级文化并不是从天上掉下来的，也不是那些自命为无产阶级文化专家的人杜撰出来的……无产阶级文化应当是人类在资本主义社会、地主社会和官僚社会压迫下创造出来的全部知识合乎规律的发展。"从狭义的角度看，文化主要指人类社会实践活动的精神产物。

可见，马克思主义经典作家在不同的情况下，或者从广义，或者从狭义的角度来使用文化概念的。

马克思和恩格斯曾经从经济、政治和精神相互关系的角度分析过人类社会，并从这一角度揭示唯物史观的基本原理。恩格斯在《共产党宣言》英文版序言中写道："……构成《宣言》核心的基本思想是属于马克思的。这个思想就是：每一历史时代主要的经济生产方式和交换方式以及必然由此产生的社会结构，是该时代政治的精神的历史所赖以确立的基础，并且只有从这一基础出发，这一历史才能得到说明。"在这里，恩格斯所讲的"精神"显然是指狭义的文化。

(三)"文化"的结构与分类

"文化"内涵的丰富性决定了它外延范围的广泛性。对此,美国文化人类学家洛威尔形象地表述说:"在这个世界上,没有别的东西比文化更难捉摸。我们不能分析它,因为它的成分无穷无尽,我们不能叙述它,因为它没有固定形状。我们想用文字界定它的意义,这正像要把空气抓在手里似的,当我们去寻找文化时,除了不在我们手里以外,它无所不在。"文化的研究正因为这一特点而更加扑朔迷离,同时也更加具有魅力。于是,研究文化的人们,为了便于把握和解释,往往特别注意区分文化的基本结构和分类。

通常情况下,文化研究者往往根据各自不同的视角,对文化做出不同的分类。例如,从时间角度上,分为原始文化、古代文化、近代文化、现代文化等;从空间角度上,分为东方文化、西方文化、海洋文化、大陆文化等;从不同民族看,可以分为汉族文化、藏族文化等;从不同的宗教影响看,可分为伊斯兰教文化、佛教文化、基督教文化等;从不同的社会层面上,分为贵族文化、平民文化、官方文化、民间文化等;从不同的社会功能上,可分为礼仪文化、服饰文化、校园文化、企业文化等;从流行的人群,可以分为雅文化和俗文化;从流行的时效来看,可以分为经典文化和流行文化;从历史文化沿革和不同区域来看,文化又有齐鲁文化、吴越文化、燕赵文化、荆楚文化、巴蜀文化等之分;若从文化的品位、性质判断,文化又有先进文化、落后文化、腐朽文化之别。这些从时间、空间或社会层面对文化所做的分类是从外在角度所作的划分。从文化自身的内在逻辑结构和层次上,或分为物质文化、精神文化两个层次;或分为物质文化、制度文化、精神文化三个层次;也有学者分为物质文化、行为文化、精神文化、制度文化四个层次。从这一视角所作的划分,无论是两层次说、三层次说、四层次说,所研究的都是文化本身的基本结构,其中四层次说概括表达得比较完整。

物质文化,又称物态文化,是人类所从事的物质生产创造活动及其劳动产品的总和。物质文化以满足人类生存发展所必需的衣、食、住、行一类条件为目标，直接反映人与自然的关系，反映人类对自然的认识、利用和改造的程度与结果，反映社会生产力的发展水平，是一种可以感知的、具有物态实体的文化事物，是人类从事一切文化创造的基础。

精神文化是人类在长期的社会实践活动和意识形态活动中升华出来的价值观念、知识体系、审美情趣和思维方式的总和。具体来说，精神文化又可进一步区分为社会心理和社会意识形态两部分。社会心理是指在人们尚未经过理论加工和艺术升华的日常精神状态和思想面貌的基础上而流行的一种大众心态，包括人们的情绪、愿望和要求等等。社会意识形态是指经过系统加工的社会意识，往往是由文化专家对社会心理进行理论归纳、逻辑整理、艺术升华后，以著作或作品等物化形态固定下来的意识形态。

行为文化，是人类在长期的社会实践和复杂的人际交往中约定成俗的习惯行为定势，是以民风和民俗形态出现的，见之于日常生活中、具有鲜明的民族特性和地域特性的行为模式。一定的行为文化是一定的精神文化，尤其是观念文化在人们社会实践中的反映。

制度文化，是人类在社会实践活动中所建立的各种社会规范的总和，包括婚姻、家庭、政治、经济、宗教等等制度以及组织形式在内。人是社会化的动物，社会活动要求人处理好人与人、人与社会的关系，否则，社会就会陷于无序。制度文化是规范协调人与人之间行为的文化，具有很强的调适性，因此，制度文化又称为调适文化。

在文化基本结构的诸部分中，物质文化是人类在适应自然的同时，改造自然、征服自然的创造及其成果，反映的是人与自然的关系。制度文化和行为文化是人在建立社会、推动社会发展过程中的创造及其行为的自觉性，反映的是人与社会的关系。精神文化是人在自身发展的历史过程中主体意识的觉醒及其精神创造能力的成果，反映的是人与自我的关系。

在文化结构的诸层次中，外显的物质性的文化往往随着生产力这一最活跃的因素的变革而迅速变革，它的外在的物质实体比较容易发生变化。

处于中层的制度文化则随着社会革命和社会变革或快或慢地发生变化，并由于统治阶级文化的改变而影响人们的社会行为方式。精神文化、行为心理文化由于内化于人的心里，它长久地积淀在民族文化的深层，形成民族独特的心理结构，因而最难发生变化。其核心部分是历史形成的思维方式，价值观念和长期对生活意义的认知。比如，对于外来文化，人们最容易理解和接受的是西方文化中外显的物质实体性文化，对中层的制度行为文化已有很大的选择性，而对深层的精神心理文化则很难认同和接受。西方人也是这样，他们欣然接受了中国发明的火药和鞭炮，却无法认同中国人燃放鞭炮驱鬼辟邪的传统信念。文化差异的关键是深层文化的不同，这是由思维方式和价值观念的不同所致。

二、多元文化的含义

"多元文化"源于美国的一些学者提出的文化多元主义思想，是与文化"同化论"和"熔炉论"相对立而问世的。具体来说，美国学者霍拉斯·卡伦在其1915年发表的《民主与熔炉》和1924年出版的《文化与民主》中，提出多元文化的思想，但当时未获积极响应。多元文化又称文化多元，正式产生于二十世纪五六十年代的美国、加拿大，是西方主张民族文化多样性、关注弱势群体、尊重差异、追求民族文化多元共存与社会和谐的一种理论。

二十世纪五六十年代，"多元文化"作为社会思潮引起人们的关注。它是指两种文化现象，一是殖民地和后殖民地社会的文化，在这种社会中，既存在殖民国家的统治文化比如欧洲文化，也存在原住民的种族或民族文化；二是指不同的民族文化，具有不同社会和文化来源的民族虽共同生存着，但各民族之间以及各民族群体之间的文化特性仍然有着较大的差异。

随着欧美文化运动的发展，多元文化的内涵也在不断加深，不同的学者给多元文化下了不同的定义。到了1995年，在"全球多元文化大会"

上，多元文化最终被定义为"包含各族群平等享有文化认同权、社会公平权以及经济收益需求"。在这个概念中，多元文化关注的群体已经逐步扩散到青少年、妇女、残疾人等多个群体。

三、多元文化的特点

（一）多样性

多元文化作为一种既存事实，首先表现出文化的多样性。文化的多样性表现在各个方面：民族文化、行为方式、价值观念等等。但是"多元"和"多样"是两个不太相同的概念，"多元"通常体现了事物在本质上的差异；而"多样"则强调事物存在形态的不同。因此，当文化的存在形式不同且在本质上存在差异时，才能被称为"多元"。

（二）交往性

根据联合国2010年公布的有关数据显示，世界上约有2500个民族，分布在200多个国家和地区。人口超过百万的民族有300多个，其人口总和已占全球70多亿人口的96%以上，而剩下的不到4%的人口中包含着人口较少的众多民族。

这些国家和民族都有着自己的生活方式、宗教信仰、风俗习惯、价值观念……即都有属于它们自己的文化。进入20世纪后，伴随着交通、通信设施，尤其是互联网的发展，各种文化之间的交往越来越频繁、越来越密切。人们之间的联系也日益增多，使人们有更多的机会认识不同国家、不同地区、不同民族的文化。文化间的交流和交往是多元文化形成的必要条件，也是它存在的基础。多元文化必须是在一定的系统结构中存在着相互联系的文化。

（三）平等性

多元文化是为了反对种族文化而被提出的。在很多国家，以统治阶级为主的种族文化通常在社会中占据了主导地位，并且这些国家会以这种文化指导和规范其他种族的行为方式和价值观念。而多元文化则强调，在同一个社会中，可以存在多种引导人们生活的文化，不占主导地位的种族也不需要抛弃自己的文化。在多元文化的社会中，社会是没有歧视、没有偏见的，而这种平等社会的基础就是文化的平等。因此，多元文化认为，所有的文化都有其独有的特征，没有好坏之分，没有优劣之别，它们都拥有相同的生存和发展的权利。

（四）共通性

多元文化除了强调各种文化之间存在差异性和多样性之外，还强调文化之间的共通性。比如说，不同的文化都会追求幸福和正义，不同的文化也都秉持着真善美的原则等。多元文化的目的并不是为了追求文化之间的差异性，而是促进各种文化在和谐的状态下共同发展。这种追求多种文化共同发展的目的，是在尊重民族和个体文化的特色的基础上进行的。

第三节 多元文化教育

一、多元文化教育的概念

不同文化背景下的学者对多元文化教育的界定有着不同的方法和理念，有的界定强调文化的多样性与多元发展；有的界定强调文化的差异与相应的不同发展规则；有的界定侧重人类学、社会学、心理学等学科的综合；教育学界的界定则更加注重和一些国际组织和地方性、民族性组织理念的一致，即突出教师教什么、学生学什么等问题。

（一）多学科综合界定中的多元文化教育概念

多元文化教育领域的一些专家仿效人类学家和民族学家，将文化集团（人种的、职业的、种族的、性别的）而不是阶级和阶层作为研究对象。

美国文化问题专家 S. 尼托指出，在制定教育政策、规划教育内容、培训各种教师、构建教育体系时,应首先考虑文化的差异,进而通过保证每个学生,不论他们在肤色、眼眶形状、种族出身、性别、年龄、宗教信仰、政治、阶级、语言、言语及其他方面有什么差别,都拥有获得智力、社会、心理发展的一切必需的机会。同时指出,文化可以被理解为由一系列综合因素,如共同的历史、地理位置、语言、社会阶级和宗教等,结合在一起的人口集团创造并赞同的不断变化的价值取向、传统、社会和政治态度、世界观。

(二)民族学专家界定的多元文化教育

美国多元文化教育专家詹姆斯·A·班克斯(James A Banks)在其教育学论著中对多元文化教育的界定为:"多元文化教育包括三个方面的事情:一种思想或概念,说明所有的学生,不管他们属于什么群体,例如属于性别、民族、种族、文化、社会阶层、宗教或特殊者的那些群体,应该在学校里体验到教育平等的思想。一场教育改革运动,它规划并引起学校的改革,以保证少数民族学生取得成功的平等机会。一个持续的教育过程,说明它努力去实现的理想目标在人类社会中短期内不能完全实现,需要一个过程。"

班克斯教授对多元文化教育的这一界定,以少数民族及其文化为视角,是来自于多元文化教育内部的研究者的理论成果,是多元之中一元的典型代表者,是多元文化教育中关于多元的一个独特理解,与世界范围内其他多元文化教育的国家中该领域专家的有关界定十分吻合,因此可称为目前国际上较公认的多元文化教育概念的界定。

(三)教育学界专家有关多元文化教育的界定

多元文化教育发展演进的历史告诉我们,多元文化教育并非先在教育界提出并被重视,而是在民族运动过程中被首先提出来的。

因此,教育学界对多元文化教育的界定一方面和文化与民族学界的界定有密切的联系,另一方面又从教育学的角度对多元文化教育做了独特的解释。

多元文化教育既是一种观念，又是一种典型的教育设计过程。其中包括两点：一是教会学习者认识、接受和欣赏不同的文化、种族、社会阶层、性别差异、宗教信仰、能力差别等；二是使儿童和青少年在他们发展的关键期形成在未来民主、平等与公平社会中工作时所必备的责任心。

（四）中国的多元文化一体教育

中国的多元文化教育和国家一体教育是并存发展的：一是中华民族中各民族的传统教育；二是中华民族自觉形成的国家一体教育；三是在全球多元文化发展背景下形成的中华民族多元一体教育。

二、多元文化教育的形成

（一）多元文化教育形成的社会历史背景

19世纪、20世纪初和20世纪后50年世界范围内的三次移民浪潮导致的社会变革就是多民族国家格局的形成过程。目前，单一民族国家在世界上已不多见。由于在一个国家范围内，具有不同文化背景的几种、几十种甚至上百种不同族群共同生活，不同族群在国家的政治、经济、文化、教育等方面提出代表本族群利益的理想与诉求。特别是那些处于主流社会边缘的少数民族，他们对本族群语言与文化的保护意识、社会政治、经济与教育权力的意识的觉醒，直接对西方国家20世纪初形成的同化主义和融合主义的社会主流意识形态、国家制度与政策提出了挑战。20世纪后50年，文化多元主义逐渐形成了一股社会思潮，并由此引发了20世纪60年代以黑人为代表的美国民族复兴运动。

美国著名的多元文化教育学者班克斯（James A.Banks）将西方国家的民族复兴运动的发展过程概括为四个主要阶段。

1. 前期阶段（The Precondition Phase）

班克斯认为，民族复兴运动一般发生在帝国主义、殖民主义和政治上实行种族歧视的国家社会中。在这些国家里，因国家的政治法律制度有利于统治族群，所以少数民族在政治、经济与文化教育等社会领域受到歧视与压制。随着帝国主义、殖民主义与实行种族歧视社会的日益瓦解，这些国家的少数民族出现了反对种族歧视，在各个领域争取平等待遇与公平发展机会的呼声，政府在社会的舆论压力下也实施了一定的改革措施，以缓和社会统治民族与少数民族日益紧张的关系。

2. 初期阶段（The First or Early Phase）

在民族复兴运动的初期阶段，首先，种族偏见与歧视的讨论逐渐公开化、社会化，统治民族与少数民族的族群边界意识强化，往往以"我们与他们"来加以区分。其次，少数民族在抗议统治民族的示威与活动中，在寻求新的族群自我认同的过程中，形成了强烈的民族自我意识，在强化了的民族自我意识的支配下，少数民族开始寻求复兴本民族的历史与文化的途径，并设法使其合法化。但在这一过程中，少数民族也容易将本民族的历史、语言与文化加上一些虚构的幻想，并从某种单一的原因，一些极端的观点、立场来阐释复杂的政治、经济、文化与教育等社会历史与现状，片面地认为种族主义是导致族群关系紧张的唯一原因。

3. 中期阶段（The Later Phase）

在民族复兴运动的中期阶段，首先，少数民族对导致族群之间发生冲突的原因，从"单一原因解释"走向寻求"多种原因解释"。该时期，消极的民族自我意识趋于缓和，少数民族团体开始组成联盟，以集体的、更加理性化的方式表达对种族偏见与歧视的不满。其次，从不同角度研究族群理论的专家、学者的研究态度发生了转变。在民族复兴运动的初期阶段，研究族群问题研究的专家、学者们尽管不同意当时某些激进改革者的观点与行为，但他们很少会在公开场合表达自己的态度与观点。在中期阶段，由于少数民族群体的消极民族自我意识逐渐减弱，反种族主义运动逐渐趋于理性化，并且在不同族群成员之间开展了相关的对话。这些专家、学者消除了动辄被冠以种族主义者的顾虑，开始在公开场合对种族偏见、种族歧视等相关族群关系问题进行探讨。另外，各国政府也开始对本国少数民族采取一些宽容和让步的做法，如允许在学校开设有关黑人的历史、语言与文化等课程，在入学、就业以及担任社会政府机关重要职位等方面给少数民族提供某些优惠政策，以增加他们融入主流社会的各种机会。

4. 后期阶段（The Final Phase）

在民族复兴的后期阶段，由于初、中期阶段所进行的各种改革已逐步以法律的、政策的、制度的形式，在社会的政治、经济、文化与教育等方面得到了具体的落实，这些民族复兴运动的成果，极大地鼓舞了除少数民族以外的某些社会弱势集团为争取本群体的合法利益而斗争。这些社会弱势群体包括妇女、残疾人等人群。这些弱势群体与少数民族相呼应，引起了社会与政府的重视，并将这些弱势群体视为同一集合体，国家拟定相应法律与政策，统筹兼顾，一并解决他们的问题。例如，在教育领域，一些国家政府为这些弱势群体在学校开设相应的课程，统称为"多元文化教育"。因此，当前西方国家的多元文化教育以少数民族教育为核心，同时，还包括妇女与残疾人教育等内容。

班克斯认为，将民族复兴运动划分为四个发展阶段类似于韦伯（M.Weber）提出的理想型构建的模型。而实际上这四个发展阶段并没有明显的界线，只不过是一种相对的划分。后一个阶段不一定在前一个阶段结束后才开始，各个阶段之间有相互重叠之可能。而且，民族复兴运动发展到后期阶段并没有也不可能完成其追求的最终目标。民族复兴运动将是一个长期的，周而复始的，此起彼伏的人类社会现象。尽管如此，20世纪60年代开始的民族复兴运动对多元文化教育的形成与发展依然起到了直接的、积极的推进作用。

（二）多元文化教育思想形成的理论基础

多元文化教育思想的理论基础主要由美国的社会民族理论中的文化多元主义（Cultural Pluralism）；文化人类学中的文化传承理论与文化相对主义；心理学中的社会学习理论；教育学中的教育机会均等理论组成。文化多元主义理论是多元文化教育直接的主要理论基础。文化多元主义的代表人物是美国的哲学、心理学教授赫瑞丝·凯伦（Horace Kallen）。文化多元主义认为，在一个多民族国家里，每个民族群体都可以保留本民族的语言和传统文化，与此同时，他们也应融入国家的主流文化中。

文化相对主义（Cultural-Relativism）的代表人物是文化人类学家赫斯柯维兹。人类学的文化相对主义认为，每个社会文化都有自己的特色，人的思想感情等都是由它的生活方式所塑造的。文化相对主义的核心是尊重不同文化的相互差异，谋求各种文化并存。

人类学的文化传承理论认为，社会的代际文化传承不仅在学校中进行，而且更多的是在家庭和社区活动中实现的。

心理学的社会学习理论认为，年轻一代的社会化是一种行为模仿的结果。而不同社会族群、学校、社区与家庭特有的文化模式将会涵盖具有不同信仰、价值观与行为模式的人。

教育学的教育机会均等理论也是多元文化教育的基础理论之一，所谓教育机会均等（Equal Educational Opportunity）是指将所有的事物提供给所有的人，而不能以学生的种族、文化、宗教信仰、性别或残障等差异为理由减少或剥夺他们受教育的机会。上述这些理论为20世纪60年代形成的多元文化教育思潮奠定了理论基础。

三、多元文化教育的基本理念

多元文化教育实质是要"通过教育改革特别是课程改革，来培养学生跨文化适应能力，帮助学生从其他文化角度来观察自己的主流文化，使他们获得本民族文化、主流文化以及全球化社会所必需的知识、技能、态度，消除在性别、种族、民族、宗教、社会阶层等方面存在的偏见与歧视，使每个学生都有同等的学习机会，都能体验到学习的成功。"多元文化教育体现了这样一种思想，即所有学生，不管他们的社会阶层、性别、种族，都应该在学校享有平等的学习机会，其基本理念可归纳如下。

(一)尊重文化的多元与平等

文化是在对人性、事物、自然、社会等规律及应对办法的探索中概括和总结出来的思想。由于地理环境、思维习惯、时代背景、观察角度的不同，因而产生了不同的文化类型。从这个观点来看，文化只有类型的差异，没有高低的分别。推行单一文化和自称代表进步与文明的文化霸权主义都会破坏自由、民主和全球安全。多元文化教育观认为，各民族文化都是人类的财富，具有重要的教育价值。承认文化之间的平等性，不仅要从思想上充分认识不同文化都具有其自身的特色，更要从教育内容、教育最终结果上保证教育对文化的保存和传递。只有承认文化之间只存在差异而不存在先进与否，才能使一种文化得以保存并不断传递下去。因此，在课程设计上，多元文化课程应打破以主流文化为中心的藩篱，在强调主流文化的同时，也要给予少数民族文化相同的地位与空间。

(二)强调文化的整合互动与创新

多元文化教育不能是各种文化简单加在一起的结果。因此，多元文化教育需要接触、相互作用和相互渗透。多元文化应实现多文化之间有效的对话、沟通和整合，以宽广的视野关注和整合各民族文化的精华，容纳区域内文化和文化间的差异与和谐，并以开放的态度反映文化全球化的趋势和要求。在培养学生民族自尊心和自豪感的同时，促使学生认同和接纳不同的民族文化。透过文化间的相互理解，促进整体的和谐发展。当然，多元文化教育不是一个静止的文化复制的过程，而是一个动态生成、文化创新的过程，强调在民族交流中实现文化创新。多元文化教育不仅是文化传承的载体，其本身就是一种新的课程文化，即在对多元文化进行反思批判的基础上，构建生成的创新课程文化。

(三)追求全纳教育的公平与正义

全纳与多元文化教育的重要理念都是要增加弱势群体的受教育机会，追求全社会教育权利和机会的均等，要求人们不受政治、经济、社会地位和民族、种族、信仰及性别差异的限制，都享有同等受教育的权利。它既是实现教育民主化的前提，又是教育民主化的重要内容。在承认文化平等的基础上，尊重、鼓励不同文化的发展，让学生能在学校中有权利和机会学习到不同文化，体现教育的公平与正义。多元文化教育对社会公平与正义的追求就是通过承认文化的多元平等，传播公平正义地对待不同种族、性别、阶层和国家的价值与理念，培养具有多元文化视角的学生而不断实现的。

（四）提倡个性化教育

我国是一个多民族国家，学生的文化背景差异是不可忽视的客观事实。从教育公平角度看，这种差异不应该成为学生学习的障碍。多元文化教育充分尊重学生的这种差异性，充分考虑个人的生理、心理、年龄特点，考虑个人的天赋、特长、兴趣、爱好，考虑个人的社会志向和职业选择，尊重人的个性，突出学生在整个教育过程中的主体地位，培养学生的主体意识和主体能力。提倡发挥学生的学习积极性，重视学生个性的和谐发展，唤起学生的求知欲和对个人全面发展的追求。同时，引导学生独立思考，主动获取信息，实现知识、能力和人格的协同发展。这种理念体现在课程上就是要通过多元文化课程的建构来适应不同文化背景学生的学习需要，为他们创造平等的学习和发展机会。

多元文化教育的提出转变了传统民族教育的知识观、教育观和社会观，促进了新型教育思想体系的形成。所以，学校系统引入多元文化教育就是要让来自不同民族的学生在学习国家主流文化的同时认识和理解社会中的其他文化。

第二章 英语教学概况

第一节 英语教学概述

高校英语教学是一种建立在一定的理论基础之上的科学性教学。但是，由于研究者的思想不同，对理论研究的侧重点不同，最终形成的理论对英语教学也会有不同的影响。本节从哲学理论、语言学理论和心理学理论三个方面，对现有的英语教学理论进行了概述和总结，从而对英语教学实践发挥理论指导作用。

一、英语教学的语言学理论基础

历史比较语言学主要研究和比较各种语言变化和发展的历史，比较各种语言的语音、词汇、语法形态结构的变化和发展历史，以便获得各种语言的相同和不同的构造语系。历史比较语言学研究认为，各种语言起源于一种始源语言。语言起源于原始人的喊叫，或对自然界声音的模仿，或始于身体各部位的动作，或对客观事物的象形。英国学者琼斯于1786年发表的论文认为拉丁语、希腊语与梵语的词根和语法结构形态很相似，它们都源于同一始源语言，并由此得出各种语言可以相互翻译的结论。由此，历史比较语言学就成了翻译法的理论基础，同时开创了语言学成为外语教育教学的理论基础的先河。为此，外语教学法的研究与教学也开始关注语言学理论对外语教学的指导意义，并力求从语言学理论中寻求外语教学的理论基础。

（一）知识与能力

知识是什么？能力是什么？这是一个当前外语教育界争论的热点问题。外语教育要把知识与能力的概念和含义辨认清楚。为此，首先必须加强对哲学、语言学（当然也包括心理学、教育学等）的语言知识观和语言运用能力观的理论关注，加深对知识观与能力观的历史发展变化特征的认识，吸收知识观与能力观新的理念，使传统与现代、历史与现实、理论与实践相辅相成，互相融合。然后，再回过头来反思、分析外语教育中知识与能力的问题和探索其未来的发展方向，就能看得更清楚、领悟得更透彻、体会得更深刻，就能更好地提升外语教育理论的科学性和实践的有效性。

任何事物，它的内部都包含本身独有的矛盾，这样就制造出某个事物区别于其他事物的特殊本质。概念的内涵是反映其事物内部固有的特殊矛盾和区别于其他事物的特殊本质，是反映事物的本质特点。因此，明确事物的概念及其内涵，能提示它的本质特征和实质内涵。交际运用语言能力，是外语课程中最关键的术语和最核心的概念。以哲学和语言学为理论基础，认识语言知识与交际运用语言能力的概念及实质、内涵和潜藏的因素及其关系，就能直接作用和深刻影响外语教育的方向、性质、价值观、教育目标、教学内容、教学过程、教学策略方法和教学评价等。以哲学和语言学为理论基础，反思、辨别和论证语言知识与语言运用能力的概念、本质特征和潜藏因素及其来龙去脉，就显得特别重要。

（二）语言与言语

德国哲学家、语言学家洪堡特曾在《语言结构的多样性》中指出，语言是人脑内在的一种结构，是说话者的智能部分，是大脑的一种创造性的能力。人们能运用有限的语言手段创造出无限的语言行为。他还提出语言的概念，认为语言是一种外显行为。著名的瑞士语言学家索绪尔强调语言在社会中和人类生活中的作用，以及人们是怎样运用语言和语言使用规律的。在他的学生根据他讲课内容整理的、号称"语言学领域哥白尼式革命"的语言学专著《普通语言学教程》一书中，索绪尔首先用法语区分了语言（langue）和言语（parole）这两个既不同又相对应的核心概念。语言学界对这种区分予以高度的评价，认为区分语言和言语两个相对应的术语，对语言学研究语言本质特征作出了重大的历史贡献。因为区分语言和言语这两个概念，是最能体现语言本质特征的。

1. 语言

语言等同于语言体系。作为代代相传的一种体系，语言包含语音、词汇、语法结构规则，是一种潜在于人的头脑中共有的一种抽象的和稳定的体系，是内在于大脑中的一种语法系统或一套普遍规则。因此，语言具有社会性的特征，它决定每个人听、说、读、写的具体形式。

2. 言语

言语是指语言运用，具体来说是指语言"运用"的范畴，即人们说出和听到的话、人们写出和理解的内容。言语是人们说话表达内容时的内在心智符号和心理生理机制相组合的外化结果。也可以说，言语是语句的产出、表达和运用。言语就是运用语言或语言运用，是表现出来的具体内容。它反映讲话人的特点，并与具体的情境或环境、语境和情意紧密相连。因此，常因时因地而发生无限、动态的变化。

相对于语言来说，言语具有具体性和变化性等特点。语言和言语既有区别，又有联系。语言是言语的形式，它有三个要素：语音、词汇和语法；言语是语言表达的内容，是听到的和说出的话语，是运用语言表情达意。这是语言与言语的区别特征，但语言与言语又是紧密联系的两个方面。言语，是一个言语社团说出的话和内容；语言，是从言语中归纳出来的结构形式。一个言语社团说出的话的总和，就是该言语社团的语言。

（三）语言结构与实际话语

博厄斯及其学生萨丕尔是美国描写主义语言学和结构主义语言学的代表人物。他们对美洲印第安人百余种土著语言的描写，开创了描写语言学和结构语言学的先河。布龙菲尔德出版的《语言学》，标志着结构主义语言学的诞生。20世纪30年代初至50年代末，它成为世界上占统治地位的语言学流派。布龙菲尔德完全赞同索绪尔把语言区分为语言和言语两个方面的观点，并根据这一观点，把语言区分成语言结构和实际话语两个因素。

1. 语言结构

语言结构的特征对语言社团来说都是一样的，是由语音、语法范畴和词汇等组成的一个严格系统。语言系统，既是一个语音、词汇、语法习惯的稳定结构，又是一个语言社团可能说出的话的总和。

2. 实际话语

实际话语（即言语）的特征是语言系统未固定的方面，各方面各不相同，而且在系统的特征上都是因时因地和因具体情境无限变化的。实际上，布龙菲尔德描述习惯的、稳定的和严格的语言结构系统与实际话语的区别特点，与索绪尔的语言与言语的内涵完全一致。

（四）语言和言语行为

奥斯汀把说出的语句分成三种言语行为。一是说出语句行为，主要是指用语言组成的声音，构成符合语法的句子或用表达某些事物意义的综合体来完成的行为。二是用语言做事行为，是指在特定的语境中、特定的条件下，抱有特定的意向说出语句来完成的行为。三是用语言取效行为，主要是指用语句完成事件并取得效果的行为。塞尔在这基础上又补充了第四种行为：命题行为。他认为，用语言做事包含命题和言外之力。词面、句面意义和言外之间，是紧密联系的。所以，说出语句时，四种行为——说出语句行为、用语言做事行为、用语言取效行为和命题行为，是同时实现的。

塞尔根据为用语言做事行为制定四条标准，进一步对用语言做事行为进行分类。这四条标准，一是基本条件，即说出语句的意向（目的）；二是真诚条件，即呈现出的心态；三是先决条件，即合适的方向，语句与世界的关系；四是命题条件，即命题。他还根据这四条标准把用语言做事行为分成五类：

1. 断言行为：指描述世界上的状况或事件的言语行为。诸如 assertion、state、affirm、deny、report、conclude 等。

例句：This is a Chinese car.

2. 指示行为：指具有使听话者做某些事的功能的言语行为。诸如 suggestion、order、request、command、demand、ask、insist 等。

例句：Why don't you close the window?（suggestion）

3. 承诺行为：指说话者将承担做某些事的言语行为。诸如 promise、swear、threat、guarantee、offer、pledge 等。

例句：I'll take you to the movies tomorrow.（promise）

4. 表达行为：指说话者表达对某事的情感和态度的言语行为。诸如 thank、apologize、congratulate、complain、welcome、deplore 等。

例句：Thank you for help.（thank）

5. 宣告行为：指改变某事状况的言语行为。诸如 name、define、declare、resign、nominate 等。

例句：I now pronounce you man and wife.（declare）

奥斯汀和塞尔提倡的言语行为，在语言教学和教学大纲设计中常被用作语言功能。

索绪尔、奥斯汀和塞尔在区分语言和言语这一问题上所持的观点基本相似。他们都把言语看作是说话，是语言运用，是听、说、读、写。而运用语言，仅仅是后者把说话进一步看作是言语行为，用语言做事的行为。

（五）语言行为潜能和实际语言行为

捷克语言学家马泰休斯、波兰社会人类学家马林诺斯基、英国语言学家弗斯及其学生韩礼德是英国社会语言学派的代表人物。该学派也叫功能语言学派，他们把语言看作是一种社会现象，是人类生活的一种方式，是人们社会活动的有机组成部分。由此，他们跳出了语言形式研究的局限性。

韩礼德根据言语行为理论，进一步将其发展为研究语言功能理论。正如韩礼德所说："语言学……应关注……言语行为或文本，只要通过使用语言，即所有的语言功能的研究，那么所有意义部分就凸显成为中心。"言语行为是用语言做事，语言功能是指有意义地使用语言，也指用语言做事。语言功能实际上就是言语行为。根据韩礼德的描述，儿童学习使用母语时的七个基本语言运用功能如下：

1. 工具功能：用语言取物。
2. 调节功能：用语言控制他人的行为。
3. 互动功能：用语言与他人互动。
4. 个人功能：用语言表达情意。
5. 启示功能：用语言学习和发现。
6. 想象功能：用语言创造一个想象的世界。
7. 陈述功能：用语言交流信息。

韩礼德选用语言行为潜能和实际语言行为两个概念来替代索绪尔的语言与言语和乔姆斯基的语言能力与语言运用的概念。三人在言语问题上的观点基本上是一致的。他们都认为，言语是说话者实际说出的话。韩礼德对语言问题则有自己独特的看法。他认为，语言不是一种"知识"方式。语言是一种"做事"的方式，是说话者在语言和文化上选择的范围，即言语行为、能做事的范围。语言是说话者"能做"的事，言语是说话者"实际做了"的事。言语要得体，要根据特定的时间、地点、人物来选择怎么说以及说什么话。人们可通过语境变化、交际文体差异、交际双方的社会身份和关系等不同情况来预见学生用语言做事的方式。

（六）语言与交际能力

英国社会语言家海姆斯基于言语行为理论和功能语言学理论认为：语言功能是言语行为，是用语言做事的观点，对比区别了乔姆斯基的"语言能力"后，首先确定了交际能力的概念。海姆斯认为，一个想要获得交际能力的人，必须先获得语言知识和使用语言的能力。

海姆斯和威德森等认为，语言是为了交际，作为语言知识的语言能力则是交际能力的一个组成部分。一个获得交际能力的人，他必须既获得语言知识又获得使用语言的能力。他运用掌握的语言知识，造出了适合语法的句子，还运用掌握的语言规则非常得体地使用语言。因此，如果不懂使用规则，只是单纯地掌握语法规则，也是没有用的。交际能力的四个特征表现如下：

（1）能分辨并造出适合语法的句子。

（2）能判断语言形式环境并能得体地使用语言。

（3）能在实际的语言环境中非常恰当地使用语言。

（4）能清楚语言是实际交往中常用的和受限定的。

海姆斯提出交际能力实际上包含了语言知识和语言运用两个方面，并规范了它的四个特征（或四个标准），即可接受性、可行性、适合性和实用性。由于交际能力的定义并不存在一个具体客观的标准，因此海姆斯的交际能力的四个特征并未达到公认的权威性和科学性，也未能被社会语言学家、功能语言理论提倡者一致接受。

《牛津语言学词典》中对交际能力是这样定义的："一个说话者在一个社团中支配熟练地运用语言规则和惯例等的整套知识。这是20世纪60年代后期，海姆斯用以区别乔姆斯基把能力概念限制在语法知识范围内。"

根据这个交际能力的定义，对比包括海姆斯在内的语言学家和语言教学法家所赋予交际能力的特征，可以清楚地看出，如果把个别人的策略能力剔除在外，那么上述各家的特征基本上都包含在这条定义规定的范畴之内。而海姆斯和理查兹等人提出的四个特征，也更趋同于该交际能力的定义。因此，交际能力主要蕴含语言知识和语言运用两大因素：

（1）语言知识，即语言能力，是指语言的语音、词汇、语法结构和使用语言规则的知识，以及用语言做事的功能等的知识。

（2）语言运用，即社会语言能力和语用能力，是指运用语言实现交际功能的能力。

（七）知与行

1991年4月美国总统签署的《美国2000：教育战略》和2002年1月8日美国国会通过的《不让一个孩子掉队法》，以及1996年颁布、1999年修订公布的《迎接21世纪外语学习标准》等文件中多次明确提出：外语教育的目标是"要求学生完成知道什么和能做什么事的任务"。这与威德森提出的知和做两个概念是完全一致的。威德森说得非常简练和清晰，语言学习包含两个方面：知和做或行。知是反映知道语言知识，即语音、词汇、语法等语言结构的知识。做或行是指用语言做事，即言语、语言运用能力、言语行为、交际的能力和交际运用语言能力。其实，美国外语学习中知与行概念和功能的区分，恰恰又回归到我国优良传统、博大精深的知行统一的哲学、文化、教育的理念之中。

二、英语教学的心理学理论基础

（一）主要的心理学理论

心理学原属哲学范畴，直到19世纪下半叶，它才脱离哲学成为一门独立的学科。在短短的一百多年时间里，心理学获得迅速发展。从心理学成为独立学科起，它就对课程与教学产生越来越重要的影响，并成为外语教育、课程和教学的主要理论基础。回顾外语教育、课程与教学的历史，它们的变换、更替、发展和创新无不打上心理学理论的烙印。先后对外语课程产生影响的心理学理论有：官能心理学、联想主义心理学、行为主义心理学、认知心理学、人本主义心理学等。

1. 官能心理学

官能心理学起源于古希腊的灵魂官能说和笛卡尔的心灵实体论的哲学观。它在一定程度上影响了欧洲文艺复兴时期的拉丁语外语教育、课程与教学。17世纪至19世纪，西方学校教育以官能心理学为理论基础，始终把拉丁语、希腊语、阿拉伯语等古典语言作为训练心灵的最佳学科。

官能心理学的创始人是沃尔夫。他认为人的心灵可划分为不同的官能，它们是可以单独加以训练发展的。而繁杂的古典语言拉丁语的文法是训练学生记忆能力和促进逻辑思维能力的理想材料，通过讲解、操练语法规则，阅读、翻译课文和原著可以达到发展学生智慧的目的。外语课程翻译结构形态及后来教育中流行的形式训练说，都是在官能心理学的理论基础上发展起来的。

2. 联想主义心理学

在心理学史上，英国哲学家洛克第一个提出了"联想"这个概念。早期的联想主义认为，人类是通过经验获得知识和观念的，学习是由观念联想构成的。

桑代克是用动物进行实验研究的代表人物之一，他用处于迷津状态下的猫进行了动物学习的实验，揭示了动物式学习的过程。在他看来，人与动物的学习方式无异，都是刺激和反应联结的加强，无须意识参与，不过人类的学习方式可能要更加复杂些。他根据实验的结果，提出了准备律、效果律、练习律等学习定律。直接法主张外语的词语与实物、行动之间建立联想关系，这与联想主义心理学相关。外语课程中的直接和情境结构形态的联结也深受联想主义心理学的影响。他们的代表人物斯威特认为，语言的整个学习过程是形成联想的过程。帕默也认为语言学习是形成习惯和自动化的过程。

苏联的巴甫洛夫用狗做了经典条件反射作用的实验。实验结果认为，条件反射是在非条件反射基础上形成的暂时性的神经联系，从而使动物适应生活环境的变化。如果暂时性的神经联系获得进一步巩固，就会形成动力定型，养成自动化的习惯。晚年他还创建了两种信号系统学说：第一信号系统学说（以具体事物为条件刺激）和第二信号系统学说（以词语为条件刺激），引起动物条件反射。两种信号系统学说认为，词语第二信号系统与具体实物第一信号系统都能引起动物的条件反射。外语自觉对比法依靠本族语言的原则就是建立在已有的母语第二信号系统的理论基础之上的。

3. 行为主义心理学

行为主义心理学是 20 世纪上半叶在北美乃至世界各地占统治地位的心理学流派。华生是行为主义心理学的奠基人，他把行为而不是意识当作研究的客观对象，否定人的意识作用，认为人的学习行为，包括情绪反应，都是"刺激反应联结"的结果。

行为主义心理学在 20 世纪 20 年代有了新的发展，其中有影响的代表人物是托尔曼、赫尔、奥斯古德等。他们认为在刺激与反应之间存在着中介变量，而以斯金纳为代表的新行为主义影响最大，他用白鼠和斯金纳箱做实验，除了证明经典条件作用应答性的行为学习之外，他还首创了操作性条件作用的原理，而操作性条件作用模式则又是可用来解释基于操作性行为的学习行为。他称此为"强化类条件作用"，并用公式表示：刺激（S）—反应（R）—强化（R）。在他看来，言语行为同非言语行为一样，也是由一连串 S—R 联结和获得强化而形成的习惯行为。

联想和刺激、反应、强化是学习和记忆的基础，它们是听说法的理论基础。听说法认为，外语学习是一个形成习惯的过程，而习惯是通过刺激（S）—反应（R）—强化（R）来形成和巩固的。

4. 认知心理学

美国的乔姆斯基提出的理性主义猛烈抨击了语言学习经验主义的行为主义理论。他创立的转换生成语法理论认为，语言是受规则系统支配的语言，人类的绝大多数语言运用不是行为模仿，而是从隐含着的抽象规则中创造出新的句子，句子不是模仿和重复所得的，而是由学习者的语言能力（内在的语言知识结构）转换而成的。与此同时，认知心理学反对刺激、反对二元说，认为在刺激和反应之间还存在有机体的思维活动（S—O—R），强调人的心理认识过程。皮亚杰的新旧知识同化成新的结构 S—（AT）—R 理论，个体同化（A）于认知结构（T）之中的观点；布鲁纳的掌握知识的基本结构观点和发现法；奥苏贝尔的有意义学习等，都成了外语课程认知结构形态、交际结构形态和教学法体系的认知心理学的基础理论。

5. 人本主义心理学

人本主义心理学的创始人是马斯洛和罗杰斯。此理论产生于20世纪60年代的美国。人本主义心理学是当时盛行的行为主义心理学派和精神分析学派这两股思潮相对抗的结果。由于它不同于两股心理学思潮，所以称之为"第三思潮"或"第三力量"。它认为行为主义是机械的，忽视人的情感反应，而弗洛伊德心理学则过分强调人的无意识情绪，怀疑个人动机。与这两股思潮相反，马斯洛强调人的主观活动，第一次把"自我实现"和"人的潜能"这两个概念引入心理学。以人本主义心理学为基础的教育是以"人的能力的发展"为目的，期盼把人培养成自由的人，以达到实现自我价值的目标。这意味着人格的其他部分的发展成长与智力发展同等重要。这样的人才是知行合一的人，是完整的人。学生是作为完整的人而存在的。人本主义心理学强调认知与情志的统一，形成自我实现的人格。由此可见，学校教育要以学生的发展为中心，强调学生的实践活动，防止抑制学生学习中的身体活动、认知能力和语言活动，并且发扬学生之间、师生之间的探究合作，发展良好的人际关系，营造一种宽松的心理氛围。这些学说无疑给传统的教育思想带来了极大的冲击，也向教师提出了严峻的挑战。

人本主义心理学的思想影响了20世纪70年代的外语教育，使得在外语教育中先后出现了一系列外语课程结构形态，如社团学习、沉默、暗示、全身反应、自然和合作学习结构形态和方法体系等。

（二）心理学的知识观对英语课程与教学的作用

知识问题是教育的基本问题，也是现代心理学讨论研究的基本问题。什么是知识？知识有哪些类型？学习者怎样获得知识？对这些问题的认识直接影响着学校教育的课程形态、教学特点、学习方式和评价方式。笔者从现代心理学知识点的角度，探讨其对我国英语课程与教学的作用和影响。

1. 心理学的知识观

我国教育是从哲学认识论的角度来定义知识的："所谓知识，就它反映的内容而言，是客观世界在人脑中的主观印象。就它反映的活动形式而言，有时表现为主体对事物的感性知觉或表象，属于感性知识；有时表现为主体对事物的概念或规律的理性知觉，属于理性知识。"知识是"对事物属性与联系的认识，表现为对事物的知觉、表象、概念、法则等心理形式"。

认知心理学（信息加工心理学）、心理语言学则使用信息加工理论来定义知识。知识是"个体通过与其环境相互作用后获得的信息及其组织，被储存于个体内，即为个体的知识；通过书籍或其他媒介储存于个体外，即为人类的知识"。它与传统知识观从哲学认识论角度研究知识不同，认知心理学、心理语言学侧重研究的是个体习得的知识的性质、类型及获得的过程与条件。它不仅研究知识如何被储存和提取，还研究知识如何被应用。认知心理学区分了认知领域的知识，即复述性知识、流程性知识及方法性知识。

复述性知识是个人能够提取线索，能直接复述信息来回答"是什么、为什么、怎么样"的问题，可以用语言来表达和传递，如英语单词的意思，现在进行时的概念、构成形式、意义和用法等。

流程性知识也称智慧技能，是指个人在无意识的情况下来提取线索，所以它的存在只能借助某种形式间接推测而形成知识。如能用动词的适当形式完成句子、概括课文主旨等都表明该学生具备了相应的程序性知识。

方法性知识也称认知策略，是一种特殊类型的程序性知识，主要用于调控自身认知过程，以提高学习效率。如为了记忆一个英语单词，学生可运用联想、构词法、同义、反义、组词等不同的策略。

我国教育知识观中的知识相当于认知心理学中的一种陈述性知识，主要是核心的事实和概念，只涉及知识的储存和提取，是一种记忆性知识。

2. 心理学知识观对英语课程与教学的影响

（1）心理学的知识分类与英语课程的目标框架

在英语学科中，课程的目标体系不仅需要体现学科特点，还需要反映课程改革的总体指导思想。

其实，课程不仅要关注认知领域（陈述性知识和程序性知识），夯实知识与技能，还需要将目光投向交际运用语言能力（也属于程序性知识）、人的思想情感和伦理道德品质、信念，甚至需要关注智力、个性发展，跨文化知识与能力和自学能力的培养，旨在体现学生全面发展的价值取向。外语课程的建设、发展和实施的目的在于恢复英语学科本身的多元价值，拓展和深化英语学科的教育功能，使学生在发展英语素养的同时发展智慧能力、情感意志、思想文化、自学能力，以及形成积极有效的学习、辩证思维和正确思想观念。这不但体现了语言学科工具性和人文性的学科性质，还反映了学生全面发展的素质要求。

（2）英语教科书中的知识类型与教师对教科书的理解和使用程度

由于教科书自身固有的话语体系和话语方式，教科书内容比较容易呈现出陈述性知识，而在提示程序性知识方面有一定的局限性。传统教科书受"学科中心"和"教科书中心"思想的束缚，过分强调英语学科的知识体系（语法、结构等）或陈述性知识。而改革开放以来，新的英语教学大纲、课程标准、英语教科书试图通过一些言语活动和语言活动的设计来提示教师，为陈述性知识向程序性知识的转化提供了多种可能。但是，教科书的编写也存在一定的"拿来主义"现象。另外，教科书只是教师进行教学的工具和辅助材料，教科书中的活动或练习未必都能适合每个教师自己的英语教育教学情境。如果教师只是不假思索地照本宣科，不但达不到两类知识的转化目标，还可能因知识缺失而挫伤学生学习的积极性。如若教师心中只注重培养交际能力和跨文化交际能力，那么在使用教科书时就会忽视夯实双基，其结果会导致学生只关注英语知识，或只重视发展跨文化交际能力，却忽视了英语素养和人的全面发展。

（3）英语教学要重视知识类型之间的转化

人们一般认为，教师在教学中起主导作用，这个"导"主要是指引导。从现代心理学和心理语言学的信息加工理论知识观的角度，教师主"导"主要体现在教师引导学生掌握陈述性知识、程序性知识、策略性知识及各类知识之间的相互转化过程上。

在英语教学中，过去人们只重视语音、语法、词汇等语言知识的教学，教师偏重演绎式的讲解和传授，学生机械地死记硬背，结果学生记了一大堆的语言知识却不知怎样应用。学生的技能（听、说、读、写）学习也是畸形发展、残缺不全，听、说训练完全被忽视，造成了普遍性的"聋"和"哑"现象，即便最受重视的"读"，也只停留于字面意义的理解，缺少深层的思维方式教学和文化含义的深度挖掘，而对于阅读技能和策略的学习则更是少有涉及。至于"写"，则是不到应考冲刺阶段不"显身"，原因是担心其挤占原本有限的知识教学时间。当然，造成这种现象的原因是十分复杂的。但从心理学的知识观看，这反映了对陈述性知识的过分重视，而对程序性知识的片面理解和对策略性知识的漠视。

21世纪以来，轰轰烈烈的英语课程与教学改革的钟摆又摇向另一极端，在二语习得"用中学、做中学""在交际中培养交际能力"的影响下，外语教育开始强调培养学生交际能力、跨文化交际能力和外语思维能力，却淡化了语法知识，忽视语音、词汇、语法知识的学习和操练，结果学生在使用中出现大量的语言知识性错误，又未及时纠正。另外，缺少或缺失语言扎实的双基基础，学生的用、做也变得畸形，交际能力或跨文化交际能力也难以呈现。

（4）英语教师要重视知识转化

针对我国英语教学中的问题，教师需在促进学生知识转化问题上有所作为。

第一，从陈述性知识向程序性知识转化。在陈述性知识如何向程序性知识转化的问题上，关键是陈述性知识的程序化问题。安得森曾对"程序化"问题做过阐述。这一过程的核心是陈述性知识的技能化或能力化、程序化或自动化。在英语学科中，必要的语言知识是学生形成语言运用能力的基础，但仅掌握语言知识是不够的，它必须经过大量的练习和运用才能使其程序化，才能转化为语言技能和交际运用语言的能力（程序性知识）。

以英语现在进行时的教学为例，如果学生掌握了进行时的概念和构成形式，但在实际交际情境中却不知其意思，也不能正确地理解和运用，这就说明它缺乏一个程序化的过程。教师必须增加变式的练习，随着练习次数的增加，陈述性知识就能转化为程序性知识，最终形成自动化的交际技能。这时，学生即使不再死记硬背那些语言知识，也能进行初步交际了。

第二，从流程性知识向复述性知识转化。语言学习不仅能把陈述性知识转化为程序性知识，还可以反向运行，即在使用程序性知识过程中加深对概念的理解，获得新的陈述性知识，实现程序性知识向陈述性知识的转化。为此，在交际过程中教师可以明示某些陈述性知识，让学生通过有意识的重构，将程序性知识转化为陈述性知识。如果没有这一步，很多学生可能在交际中流利表达，却漏洞百出，长此以往，就会导致语言的"石化现象"。为防止这一现象发生，约翰逊也提出程序性知识必须"陈述化"，如目前中小学使用的教科书大多先行培养学生的听、说能力，教师需在学生掌握了一定的程序性知识后使陈述性知识明晰化，才能让学生重新认识学过的知识，以提升他们的语言意识，防止出现"课上兴高采烈，考场黯然神伤"的现象。当然，掌握陈述性知识不是教学的终极目标，学生在理解知识、结构和概念后，还可以进一步在创设的或真实的交际情境中广泛应用，以达到对语言形式的自动化运用。因此，知识转化不一定是复述性知识向流程性知识的单向运行，也可以是两种知识的双向转化。从陈述性知识向程序性知识转化和从程序性知识向陈述性知识转化代表了两种不同的学习路径，它们本质上无优劣之分，更多的是互为补充。选用何种路径受到各种因素的影响，理想的学习效果是两者并用。

第三，程序性知识和策略性知识之间的转化。策略是一种特殊的、技巧性的程序性知识。如学生在运用知识进行听、说、读、写过程中，都会有意或无意地使用一些技巧性策略，这种策略实际上就是一种关于如何有效交际的程序性知识。学生学习英语不仅要从陈述性知识（语言知识）向程序性知识（听、说、读、写）转化，也要学会从一般的程序性知识向策略性知识转化，以提高运用语言的效率。如在英语阅读中，学生针对不同的阅读目的和任务采取不同的阅读策略，为了了解文章大意进行浏览阅读，为捕捉具体信息而采用跳读策略，对生词也可实施多种猜词策略。一方面，教师要在学生掌握一定语言知识的基础上，逐步培养学生的阅读能力。通过大量阅读练习，学生能获得阅读的策略性知识，从而实现程序性知识向策略性知识的转化。另一方面，教师可有意识地训练学生的这种策略意识，以提高学生运用语言（程序性知识）的能力和效率。

另外一种策略虽然不涉及学生的认知过程，却对学生学习起着自我管理和自我监控的作用，那就是元认知策略。它在一般意义上回答了如何更有效地学习和思考，对自己的学习过程进行调控。如通过明确自己的学习目标、制订学习计划等方法，以把握学习机会、反思经验与不足、总结有效的学习方法和进行自我评价，等等。

总之，策略性知识不仅可以帮助学生提高学习的效率，让学生学得轻松、学得高效，还有利于学生进一步了解自己、管理自己，使学生最终成为具有较强自学能力的自主学习者。

综上所述，从现代心理学和心理语言学知识观的视角来看英语课程与教学，不仅有利于识别英语课程、教科书、教学中不同的知识类型，还有利于使教师认识到不同知识类型之间的连续性及其相互之间的转化，从而使教师更加辩证地看待英语教学中的知识、技能和能力之间的关系问题。

（三）默会知识和外语课程与教学

1. 默会知识论

（1）明确知识和默会知识

1958年，英国科学家和哲学家波兰尼在《人的研究》一书中明确区分了"明确知识"和"默会知识"："人类有两种知识。通常所说的知识是用书面文字或地图、数学公式来表述的，这只是知识的一种形式。还有一种知识是不能系统表述的，例如我们有关自己行为的某种知识。如果我们将前一种知识称为明确知识的话，那么我们就可以将后一种知识称为默会知识。"

明确知识是能够通过语言、文字或符号等方式表达出来的知识，其他类型的知识则为默会知识。默会知识是一种不能明言的知识，它"只能意会，不可言传"。人们在日常生活中都能感觉到它的存在。从数量上看，它甚至超过明确知识。和默会知识相比，明确知识犹如冰山一角，而大量的默会知识则是隐藏在海里的冰山底部。

波兰尼不仅强调默会知识的存在，还强调默会知识的优先性。心灵的默会能力在人类认识的各个层次上都起着主导性的作用。任何通过语言和其他符号呈现的明确知识都依赖于默会知识的存在，都必须有默会知识的支撑，人类的认知过程本质上是默会的。无论是明确知识还是默会知识，都是物质世界和现实社会生活在人的意识观念中的主观反映。因此，在外语课程与教学中教师要关注明确知识，更要重视默会知识。

（2）默会知识具有个体性特征

默会知识还具有个体性特征。波兰尼的默会知识论强调认识和认识主体的不可分割性，反对"没有认识主体的认识论"，反对人的"淡出"。默会知识是一种个人知识。在明确知识学习过程中，对知识获得起作用的是默会知识。学习者接受明确知识的程度或结果取决于本人能否用自己的默会能力赋予名言、符号以意义，取决于本人能否充分发挥主观能动性和创造性，而且不同学习者凭借各自的默会知识，主观能动性和创造性会赋予同样的知识不同的理解。很难想象，没有个体默会的"协同性因素"，这种理解会得以产生。

作为一种不能明言的知识，默会知识具有一系列与明确知识不同的特征，主要有五个：非逻辑性、非公共性、非批判性、情境性和文化性。

2.默会知识论对英语课程与教学的启示

传统教育过于注重学习书本知识或明确知识，教学就是教师传递书本知识和发展技能、能力的过程。学校教育的一切如教育目的、内容、过程、方法、评价都围绕着课本知识展开。默会知识似乎并不是真正意义上的"知识",也不是有价值的知识。由于其获得的偶然性和随意性及不同于明确知识的传播途径,它不易为学校教育所重视和支持。默会知识在传统教育中没有取得合法地位,学校教育从根本上忽视默会知识的存在及其作用。波兰尼提出的默会知识论,为研究教育问题提供了一种新思维。他让人们认识到,学校教育中不仅存在着大量的明确知识,还存在着大量的默会知识。"从类型上看,既存在着教师的默会知识,也存在着学生的默会知识;既存在着有关具体的教学内容的默会知识,又存在着有关教授和学习行为的默会知识,还存在着有关师生间交往和学生间交往的默会知识;既存在着与语言知识学习有关的默会知识,又存在着与社会知识学习、自然知识学习等有关的默会知识;既存在着与教学过程有关的默会知识,又存在着与教学空间有关的默会知识,如此等等,不可计数。"默会知识论的价值不仅在于它区分了两种不同类型的知识,更在于它论证了人类认知过程的默会本质,由此拓展了人们对知识的复杂性的认识,从而改变了知识只有以明言方式传递才是合理的看法。

如果说波兰尼从认识论的角度论证了默会知识,而心理学家则通过心理学实验和分析证实了内隐学习的存在。有关默会知识(隐性知识)的研究已经明确无疑地显示,人类可以在无意识努力的情况下学习知识,并且这种学习似乎大有潜力。这一研究结果激发了人们的想象,也激励教育工作者将理论运用于学校教育的实践,其应用的前景十分广阔。

语言学习是一个反复实践的过程,仅靠学习明确知识不足以达到运用语言进行人际交流的目的,学习者必须依赖默会知识来理解明确知识,并且通过大量的语言实践发展默会认知的能力。从默会知识论角度看待英语教学,可得到如下启示。

(1)关注学生的默会知识,凸显学生个体的主体性

传统的教学只重视明确知识的传递过程,教师把自己定位为知识"传递者"的角色,将学生视为"无知"的知识接受体,学生个体的默会知识完全被忽视。我们应该认识到,学习者来到课堂不仅带来了眼睛、耳朵和

嘴巴，还带来了各自的默会知识。他们身上存在着一系列影响个体学习知识的"个体协同性因素"，包括个体经验、情感、判断、评价、想象、直觉、理智、激情、信仰或者困惑、责任、良心等诸多因素。尽管这些知识的存在是隐性的、不明确的或不完善的，但对于学习者的学习却具有支撑作用。教师不仅要认识到这种默会知识的存在，还要发现和研究它们。

教师教学时必须将学生不能明言的默会知识纳入考虑范围。教科书呈现的一般都是明确知识，学生依赖自己的默会知识对教科书内容进行各自独特的理解、阐释、综合和运用。默会知识具有个体性特征，学习者接受明确知识传授的结果取决于本人能否用自己的默会能力赋予明言符号以意义。学生是学习认知的主体，因此，教师在研究教科书内容、结构及教学方法的同时，必须考虑：学生已经掌握了哪些明确知识？学生在相应问题上可能存在哪些默会知识和默会的认识模式？学生由于生活背景、学习经验和文化背景的差异，其英语学习的默会知识和默会认识也有所不同，如何帮助学生显现默会知识和默会的认识模式，并对它们进行检验、反思、修正和利用？如教师在引导学生阅读篇章时，应对学生具备的知识有所估测。教师不仅要善于调动和利用学生的默会知识对文章中的知识、内容和结构进行理解，还要引导学生进行合理的猜测、推理和判断。当学生因文化背景不同导致其默会知识干扰了他们的正确理解时，教师也要给予一定的修正。总之，教师要善于挖掘和利用学生的默会知识，使深藏于冰山之下的默会知识对学习明确知识发挥积极的作用。

（2）提供大量"理解性输入"，促进语言学习和习得

克拉申曾经提出"输入假设"，认为学习者提供大量"理解性输入"有助于语言习得。他区分了语言"习得"和"学习"两个概念，认为习得是在非正规教学（自然环境）中无意识地获得语言能力的过程，而学习是在正式教学中有意识地学习语言规则的过程。尽管克拉申提出的学习是习得之果，而非习得之因，学习不能导致习得的观点过于片面，但在自然情景中无意识习得有助于在正式情景中的有意识学习。因此，自然的语言输入

就显得十分重要。如果从默会知识论的角度来看，习得强调默会获得语言能力的过程，学习则是明确知识的接受过程，而且明确知识的接受也必须以默会知识为基础。克拉申十分强调语言输入（听和读）对语言习得的重要性，他认为语言学习有一个"沉默期"，当输入进行到一定时候，学习者就可以自动地输出（表达）了。由此笔者认为，他相信学习者用默会的认识方式来习得语言的运用能力，而学习者学习语言知识（明确知识）也必须借助他们的默会知识。不难看出，语言习得说也十分同意并强调默会知识的重要作用。

"理解性输入"是指稍超出学生现有水平的语言输入，克拉申曾用"i+1"加以说明："i"指的是学习者目前的语言水平，"i+1"则是学习者按习得顺序紧随其后的阶段，即稍超出目前水平的阶段。学生凭借一定的情境和语境、超语言信息以及有关世界的知识对事物产生新的理解，从而使学生从"i"阶段过渡到"i+1"阶段。这种看起来十分自然的理解过程正说明了学生默会知识的存在和重要作用。因此教师在课堂教学情境中应为学生提供足量自然的可理解性语言输入，让他们充分调用自己的默会知识，促进学生的内隐（默会）学习过程。默会知识本质上是一种理解力。因此，与传统的语言知识的灌输相比，让学生接受大量的语言输入以促进其默会学习的方式显得更为自然，从某种意义上说也更为有效。

（3）为教学内容提供更多情境支持，提高学生的理解力

无论在语言习得前阶段，还是在明言表述阶段，默会知识都具有极大的影响作用。儿童以惊人的速度习得母语来实现人际交流与应对外部信息和事件，这可归结于儿童默会的力量。当学习者在母语环境中学习外语或第二语言时，由于缺乏足够的默会知识的支持，他们也就不能像运用母语那样自如地运用外语。

默会知识的作用启示人们，即使学生在语言学习初期，也不必先进行明确的语法知识教学，而应当通过提供适当的语言情境，促使学生运用默会的方式学习语言技能和习得语言运用能力。情境以整体的方式作用于人，

人通过对情境的直觉把握和领悟，从而理解语言、运用语言。教科书中的知识多为明确知识，而明确知识的讲授必须根植于学生默会知识的理解中。由于默会知识具有情境依附性特征，教师必须针对教科书内容设置丰富多样的情境，让情境自动地唤醒默会知识，促使学习者默会地理解语言和语言运用的规则。

同时应认识到，无论承认与否，默会知识在教育教学活动中自发地产生影响。它对明确知识的影响既可能是正面的，也可能是负面的。我国学生学习英语的最终目的是能进行跨文化交际和沟通思想情感。而跨文化交际的障碍不仅来源于显性的社会规则，也来源于隐性的社会规则。人们的交际行为都受到那些根植于社会文化传统潜规则的支配。因此，教师设置情境也要考虑到默会的社会、人文知识体系，使学生的默会知识体系得到检查、修正或应用，克服其对教学过程的消极影响。

（4）重新看待英语学习过程中活动和语感的价值

在我国，英语是作为一门外语来进行教学的。当我们发现有的学习者能自如地运用英语却又不知道为何能够如此运用时，习惯上称他具有良好的"语感"。语感究竟为何物？其实，我们可将语感视为对语言的默会认知能力，是对语言的直觉把握和领悟。那么，学习者如何获得这种默会能力呢？

明确知识一般是通过正规的教育教学传播，为人共享，而默会知识则主要通过经验来获得，即实践途径。这是波兰尼及其他研究者的共识。因此，教师不能忽视默会知识的存在。教育教学既要强调实践能促进对明确知识的认识，又要重视默会知识对明确知识的推动作用。英语教学也是如此，既要加强教科书中的练习题或课堂中的语言活动、操练语言技能、巩固语言知识等活动，也应重视默会知识对理解和交际运用英语能力的促进作用。如今英语教学比以往任何时候都重视活动或语感，但除了巩固语言知识、操练语言技能和交际运用语言能力以外，很少有人想到它还有别的价值，这都是明确知识观在起作用。如果从默会知识的角度来看，活动或语感不仅能唤起学习者已有的默会知识和默会认知模式，帮助他们完成任务，还能通过人与人间的交流和互动，检查、显现和修正各自的默会知识和默会认知模式。更为重要的是，活动过程中生成和发展了除明确知识以外的默会知识，激发学生的内隐学习过程。这一过程实际上也是形成语感的过程。不但如此，这种默会的认知过程已经超出了语言学习的"语感"范畴，还拓展到与问题情境相关的默会认识模式以及情感、态度、信念和价值观念等。

第二节　高校英语教学的改革历程与现状

一、中国现当代高校英语课程的演进

现代英语教学大体分为四个阶段：第一阶段是1949年至1985年的起步与摸索阶段，这一阶段的主要特点是高校英语教学的教科书、教学方法、教学要求等内容均尚不明确；第二阶段是1985年至1999年的规范与发展阶段，这一阶段的主要特点是高校英语教学逐渐规范化、有序化，制定并实施了全国统一的教学大纲，编写了高质量的教科书，探索了新的教学方法；第三阶段是1999年至2002年的调整与改革阶段，这一阶段的主要特点是高校英语教学为了适应学生日益提高的英语水平和社会需求，探索新的教学目标、教学任务；第四阶段是2002年至今的提高与深化阶段，这一阶段的主要特点是高校英语教学走向多元化、自主化的发展模式。

下面我们就每个阶段进行详细的介绍与总结，以展示中国现当代高校英语教学的发展过程。

（一）高校英语教学的起步与摸索阶段

1949年中华人民共和国成立后，我国当时的高等外语教学主要工作中心在俄语教学上。到1952年院系调整时，全国仅剩北京大学、南京大学、复旦大学、武汉大学等八所院校开设英语系。一直到1956年制定第二个五

年规划时,中央颁布草案决定扩大英语教学的覆盖率:高中英语课教学面扩大、高等院校(特别是综合院校和师范院校)英语专业陆续恢复和增设,高校英语教学秩序也得到恢复。同年,上海交通大学凌渭民教授编写的供理工科学生使用的英语教科书《英语》也获得出版。

　　随着改革开放政策的实施,英语受到了越来越多的重视,高校英语教学工作走上正轨,并于1980年制定了第一个统一的高等院校教学大纲——《高等学校理工科公共英语教学大纲》。该大纲"首次以政府文件的形式确定了英语在高校教育中的地位,结束了公共英语教学各自为营的无组织状态,提出了国家对高校公共英语课教学的统一要求"。该大纲在实施过程中遇到了诸多困难,且教学对象仅限于理工科本科生,于是原国家教委于1985年和1986年又先后颁布了文理工科用《高校英语教学大纲》,进一步规范高校英语教学。自此,我国的高校英语教学进入了有文件指导和约束的稳步发展时期。

(二)高校英语教学的规范与发展阶段

　　统一的教学大纲(特别是1986年颁布的《高校英语教学文理科大纲》)公布以后,我国高校英语教学有了明确的奋斗目标,开始走上了有纲可依的规范化发展道路。以教学大纲为依据,陆续出现了《高校英语》(文理科本科用)(1986年上海外语教育出版社出版)、《新英语教程》(1987年清华大学出版社出版)、《大学核心英语》(1987年高等教育出版社出版)等符合我国英语教学实际的教科书,并在实践中不断改编、修订,逐步受到了国内高校教师及学生的青睐,成为我国此阶段英语发展的主要教科书。

　　为了检测高等院校学生对英语基本技能的掌握情况,1987年开始实施全国高校英语考试(College English Test,后简称CET)。该考试分为两个等级,达到一般要求的为四级(CET4),达到较高要求的为六级(CET6)。作为一种大规模、标准化测试,CET不仅是对我国高校英语教学成果的一种检验,更对我国高校英语教学具有指导作用。通过标准化测试,教师不仅可以发现院校之间、院系之间、学生之间的不同情形,从而分类指导,还可以发现学生对英语的掌握情况，以便为英语教学与大纲的制定提供参考。事实证明，高校英语四、六级考试不仅对高校英语教学有着深远影响，在社会上也很受重视，用人单位将此作为衡量大学毕业生素质的一个评价标准。从这些方面来说，高校英语四、六级考试的设立是非常成功的。受稳定的教学秩序、稳步提高的师资水平和稳定发展的英语教学等因素的影响，高等学校新生的英语水平较1985年和1986年教学大纲制定初期有了明显提高；随着改革开放的深入，社会对大学毕业生英语能力的需求量也有了较大提高。

（三）高校英语教学的调整与改革阶段

随着高校英语教学的发展，原有的教学大纲已经无法满足时代发展的需求。一方面，随着教学秩序的恢复、教学制度的完善、教育环境的稳定，我国小学、初中和高中的教育都获得了较大发展，英语更是获得了前所未有的重视，部分发达地区和大城市甚至从幼儿园或小学三年级开始开设英语课（蔡基刚，2005），社会办学的英语辅导班、兴趣班也迅速发展，其结果之一便是大学新生的英语水平较以往有很大提升，原有的教学大纲已不再适合新入学的大学本科生。另一方面，随着改革开放的深入和我国加入世界贸易组织，社会上对外语人才的需求急速增长，对应届大学毕业生的外语应用能力也提出了更高的要求，原有教学大纲已远远落后于时代需求。

鉴于此，从1996年5月起，在广泛的、多层次的社会需求调查的基础上，吸取了专家、学者、一线教师的意见后，于1999年将原来的理工科教学大纲、文理科教学大纲合二为一，制定了统一的《高校英语教学大纲》（修订本），这是"教学大纲的一大进步"。1999年颁布的修订本教学大纲强调学生的交际能力，并在继续强调阅读能力的同时，注重听、说、读、写、译的全面发展。在修订本教学大纲的指导下，一批内容全新的、理念先进的、体系完整的教科书逐步出版发行，比较具有代表性的是复旦大学和上海交通大学联合编写的《21世纪高校英语》、浙江大学编写的《新编高校英语》、上海外语教育出版社出版的《高校英语》（全新版）和外语教学与研究出版社出版的《新视野高校英语》。这些教科书内容新颖、设计合理、时代感强、配套练习资料详尽，并配有多媒体课件及自学辅导书，受到了高校英语教师和学生的广泛好评。

与此同时，为了适应时代需求，高校英语四、六级考试自 1999 年 5 月起开始加入口语测试，以期全面提高学生的英语运用能力。口语考试的推行，使四、六级考试进入一个相对完善的新阶段；四、六级考试可以对学生的听、说、读、写、译等各项技能进行全面的鉴定，这在很大程度上推动了高校英语教学改革的进行。

需要指出的是，1999 年制定的针对全体非英语专业本科生的《高校英语教学大纲》（修订本），虽然认识到了听、说、写的重要性，但仍将阅读放在英语教学的第一位，"只看到了被动输入，没有看到主动输出的巨大作用"。陈国华甚至指出："长期以来，我国的英语教育费时低效，一个重要原因就是重阅读而轻其他。"他还认为这是大纲落后于时代的"一个主要表现"。而且，这份教学大纲"受应试教学的影响，忽视听、说能力的培养，即使安排听、说课也是以备考为目的的听力训练，结果养成学生打勾画线、猜答案的思维习惯，这极不利于培养真实环境下的口头交际能力"。这也就是为什么在新大纲颁布后的第三个年头（即 2002 年），教育部就果断决定启动新一轮高校英语教学改革。

（四）高校英语教学的提高与深化阶段

在新媒体快速发展的时代背景下，传统的教学方式已经不能适应当前的教育环境，因此，高校教师应充分重视对英语教学的改革与创新，充分利用新媒体的特性来弥补传统教学方式的不足。在实际的英语教学过程中，教师应该结合学生的实际情况制定有效的教学策略，注重教学手段以及教学内容的创新，全面激发学生的英语学习兴趣。通过利用新媒体技术手段，在原始教学模式的基础上进行创新，教师可以借助多媒体来为学生创造有利的教学情景，促使学生更好地融入教学环节中，提高英语课堂教学的效率。除此之外，教师利用多媒体进行教学，可以全方位拓展学生的思维，并提供给学生更多独立思考的机会，加强学生之间的互动与交流，同时为学生创造良好的学习环境，使他们能够充分体会到新媒体教学带来的乐趣，将注意力转移到英语学习中去。

英语是高校新生必修的一门科目，尤其是针对英语专业的学生而言，英语学习水平直接关乎其日后的就业。因此，高校领导以及教师应该全面加强对英语教学工作的重视，如何才能更好地激发学生学习英语的积极性是高校英语教师共同面临的问题之一。新媒体的出现为解决这一问题提供了有利的条件。在新生刚进入大学校园时，高校可以充分借助新媒体工具来宣传英语在整个大学教学中的重要性，引导学生形成正确的英语学习观念，让大学生能够清楚地了解到英语学习的益处。新媒体背景下高校在开展英语课程时，应充分利用多媒体工具进行特色网络课件的研发，并利用移动互联网来加强与学生之间的互动。在研发的过程中，教师可以鼓励学生积极踊跃地参与其中，并提出自己的意见。这样有利于激发学生对英语学习的兴趣，提高学生主动参与的积极性。在课下，教师还可以组织各种各样的英语竞赛活动，并利用网络平台进行投票，通过这种方式来提高学生的参与度，同时还能够促进英语教学的有效推广。

以往，高校英语教学中所用到的教学方式向来都是传统的灌输式教学，整个课堂教学基本上都是教师在台上讲解，整个教学过程过于机械化，缺乏趣味性，从而导致学生逐渐失去对英语的学习兴趣，而且这种方式并不能够实现教师与学生之间以及学生与学生之间的有效沟通，使英语教学效果不理想。但是，自新媒体时代到来后，新媒体已经逐渐成为高校教学中的重要教学工具，进一步拓宽了学生获取知识的渠道，极大程度地丰富了英语学习内容。在新媒体快速发展的时代背景下，教师应该及时转变自身的教学观念，重视实践教学环节。对此，高校可以采用主动式实训教学方式进行教学，这种方式更加侧重实践教学环节，有效弥补了传统教学中重理论轻实践的问题。开展主动式实训教学不但有利于实现理论教学与实践教学的有效衔接，同时还有利于提升学生的综合运用能力，充分发挥出英语学习的效用，对提高当前的英语教学质量起到一定的促进作用。

二、高校英语教学改革的现状

（一）实施教学存在误区

具体而言，现行高校英语教学有忽视培养学生读、写能力的倾向。新一轮教学改革为广大英语教师提供了多媒体、网络等教学形式，教学大纲也着重发展学生的听、说能力，因此，部分高校英语教师在英语教学过程中有弱化培养学生读、写能力的倾向。正如王守仁指出的那样："高校英语的教学对象是非英语专业学生，无论是在校学习还是毕业后在工作岗位上，大部分人接触英语的主要方式是阅读。为了适应信息社会的发展需要，同时为交际打下扎实的基础，应增加英语语言知识的输入，逐步加大学生的阅读量，拓展阅读的广度和深度。"因此，强调培养学生的听、说能力，并不意味着弱化读、写能力的培养。此外，新一轮高校英语教学改革的另一误区与语法能力的培养有关。

由于受交际教学法的影响，部分高校英语教师认为："语言教学的目的在于交际，学生只要能够达意，语言教学的任务也就完成了，对语言的准确性没有较高的要求。"而事实证明，语言的准确性和流利性是同等重要的，在培养学生交际能力的同时，应该采取交际-语法教学法。此外，现行高校英语教学改革也存在过度依赖多媒体、网络等先进技术的趋势。毋庸置疑，多媒体、网络等现代教育技术为高校英语教学提供了样式新颖、材料多样、内容全面的教学手段，并已经在大学外语教学中取得了明显的效果，对高校英语教学改革和人才培养作出了积极的贡献。但教师仍需要发挥课堂教学在外语学习中的作用，切忌只采用多媒体教学新模式而忽略其他模式。

（二）教学过程呈机械化倾向

所谓机械化训练的倾向，主要是指用机械训练代替教学中应实现的丰富的教学任务。其主要表现在三个方面：

1. 英语教学过程不重视主动学习

传统教育观视教学过程为教师单向传授知识的过程。如今，教学过程是教与学统一的过程，这个情况已经众所周知。这是因为人们逐渐认识到教学具有教师向学生传递教学内容，并使学生掌握的本质特征。但是，这个过程并不是传统意义上所理解的将知识直接灌输给学生，学生直接拿来就可以。学生必须积极主动地学习，独立思考、独立研究，真正地学会独立学习。当然，这并不意味着教师在教学中处于被动应答的地位。教学过程不仅仅是教授的过程，也不仅仅是学习的过程，它是教师与学生交互作用的统一的过程。教与学的关系是相互缠绕、彼此依赖、相互构成的关系。

但在实践中，我们经常可以发现两种状况：

第一种状况是教师在课堂上常常将英语知识以词、句、篇的方式简单直接呈现给学生。部分感兴趣的学生能够记忆式地接受教师给予的知识，进行记忆式学习，这是在浅层次上进行教与学的过程，缺乏深层次的思索与对话。而无兴趣的学生并未受到教学活动的激发，也就未真正发生学习行为。这种状况的课堂教学活动只是局部性教学活动。

第二种状况是教师很注重学生口语能力的提升。35至40分钟的课堂教学中，教师从一开始便提出一个个问题，让学生口头交流回答，自己基本不做指导。表面上看这样的课堂活跃了，学生敢于开口了，深究下去便会发现学生们的英语交流只是原有英语口语能力的简单输出，只是其之前学习状态的呈现，教师并未在学生语言输出的基础上，给予一定量的语言输入去提升和丰富学生的英语能力。那么，这样的学习并不是真正意义上的英语学习，只不过是英语口语技能的熟练化而已。这两种情况的共同特征是学生并未或不可能成为主动学习者。

2. 英语教学活动中教育意义的欠缺

英语教学的中心目标是丰富学生的英语语言知识和形成英语技能，使学生具备参与英语活动所需要的知识、技能和能力。但是，英语教学过程不只有此一项任务，它同时是教育过程。学科教学在传授该学科知识与技能的同时，还应该使学生增长该学科特有的见识，对世界、对社会的基本判断力，并对人生形成基本价值观和态度。这些是学科教学中共有的教育性目标，英语教学也不例外。英语教学中教育性目标的达成并不是附着于英语知识与技能的教学或引申出来的，而是在教学活动开展的过程中孕育、渗透和养成的。也就是说，学生在教学中采用什么方式进行学习将会深深地影响他们的态度与性格。如果学生只是被动地接受教师所给予的东西，或是机械地模仿、死记硬背教师灌输的东西，往往会养成盲从甚至屈从的态度与性格。与此相反，唤起学生积极的探究精神，引导他们逐步依靠自己的力量来解决学习课题、发现知识，就会养成学生独立地、创造性地、友善地实现目标的态度与性格，形成锲而不舍的顽强意志与人格。

在当前英语教学中，普遍存在认知性目标与教育性目标分离的状态，其中一种情况是无视教育性目标，唯以英语知识和技能为目标，让学生在模仿中学习，在重复性操练中熟练化，认为只要学生掌握了相关英语知识与技能，考试成绩好便可以了。令教师苦恼的是，在课堂教学中如果对学生进行思想品德教育，教学进度就会落后，自己的教学目标就无法完成。这类教师大多认为，教学中的教育就是利用课堂教学时间讲一些思想品德教育或结合形势的道理。

无论是删除还是添加教育性目标的做法，都不是真正意义上的教学中的教育。只有将所传授的学科内容及开发出的内在的教育价值融于学习活动本身，才会产生教育的效果，这才是教学中的教育。

3. 语言知识掌握过程中弱化理解与思维

在英语教学中，大多数教师认为英语知识的掌握是发展听、说、读、写的英语技能和形成基本的文化意识。但是，在什么意义上把握知识的概念，许多教师并不清楚。所谓英语知识不仅包含相关的事实与现象，还包含英语的特质、相互之间的关系和语言规则。因此，教师在教授英语知识时就不能将之仅作为信息来掌握，还要使学生能够把握其语言关系和规则的意义，并将其转化为自身的理解能力与运用能力。这样，学生们才能在生活中灵活运用英语。如此就要求英语知识的教学与学生认识过程达成统一。当然，由于对学习英语的学生而言，英语知识具有间接性和人为性，学生在掌握的过程中就不可能像学习自然科学知识那样要经过科学探究的过程，而是要在英语材料的归纳与整理中，通过比较、分析、抽象和综合形成对英语知识的深层次把握。在英语教学中，学习知识过程与学生认识过程是统一的，这要求学生能够主动地学习，尤其是真正地激活思维。

目前，提高学生在英语学习中主动性已成教育工作者的共识，课堂教学也有了诸多变革，比如在英语课上注意结合生活情境，并给予一些开放性的问题让学生回答，或是开展小组活动。这些都反映了教师在教学中努力把书本知识与现实生活相联系，尽可能地让学生主动参与学习活动的改革意识，这无疑是一种积极的变化。但是，这些努力只是激发学生主动参与知识形成过程的第一步，而对于如何在激活学生思维的过程中让学生体验发现的喜悦，让学生相互间在思维与经验的碰撞中形成新经验与新认识，还没有切实可行的解决方案。

(三) 研究视角存在局限性

英语教学如何结合学生英语学习的特点与潜能设定教学目标？如何有效的转化学生英语学习过程中遇见的困难？如何认识与把握不同年级学生学习任务与能力间的相关性，以便更有效地使英语教学真正成为学生主动、健康成长的育人资源？凡此种种，不逐一列举。

我国英语教学改革的思路基本还是在英语语言文化的框架内进行思考的，对各年级英语教学的起点、问题、转换机制等缺乏实践性的认识，对各年级学生英语学习的特点、问题及其实现机制缺乏过程性认识，对各类型的英语教学目标、任务、过程逻辑与方法等也缺乏本土化的认识。

就整体与部分的关系而言，教师需要贴近生命成长的状态进行思考与实践，既要从生命成长过程整体审视某一年龄段学生的成长使命，也要整体审视某一学科教学对其特殊的价值与意义，更要从生命与教育实践真实的动态关系上整体把握教学的起点与最近发展区的脉络。

第三章　多元文化教育与大学英语教学的关系

第一节　大学英语教学是实现多元文化教育的有效途径

多元文化教育源于一种追求平等的社会公正，旨在克服人类面临的区域狭隘、民族狭隘、文化狭隘等困境。大学英语教学可以传递英语语言国家的文化，成为实现多元文化教育的有效途径。

一、贯彻多元文化教育理念

现行《大学英语课程教学要求》中指出："英语的教学目标是为了培养学生的英语综合应用能力……提高学生的综合文化素养，更好地来满足我国社会发展的快速步伐以及国际交流中的需要。英语教学不仅仅是一门教育课程，同时也是拓展知识、了解和认识世界文化的一门教育课程，具备了工具性以及人文性，英语教学的设计应充分考虑到要时刻培养学生文化素质和传授国际文化知识。"这说明，多元文化教育已潜移默化融入英语学科中，并且成为英语教学中的主题思想之一，体现了通过大学英语教学来贯彻实施多元文化教育理念。

二、传递多元文化

语言不仅仅是文化的载体，同时也是文化的重要组成部分。英语作为一门语言学科，承载了英语语言国家的历史与文化，奠定了文化中丰富的内涵，体现出英语语言国家的风土人情、历史发展、生活习俗、文学艺术、价值观念、行为礼仪等方面。运用多元文化方式开展英语教学可以让学生更加细致的了解不同国家间的文化差异和相互联系及作用。学生学习英语不仅仅是学习单词及其语法，同时也是在学习语言文化。文化教学是语言教学的重要组成部分。以传递多元文化为目的的教学，教师应做到以下两点。

（一）加强文化知识的传授

教师在强调学生积累基础知识的同时，应该鼓励学生积极参与实践并注意培养其英语交际能力。例如，在课堂上讲授有关文化的知识，鼓励学生利用课堂、课外进行练习和巩固，积极举办英语"沙龙"活动或进行英语演讲比赛、话剧表演，开展英语讲座等，培养学生在实际中运用语言的能力和技巧，提高学生的听、读、写、说能力，增加学生的知识积累。

（二）利用教材渗透多元文化

在教材的处理上，教师可以结合课本内容，不断拓展、引出相关的文化信息。词汇是语言中最活跃的成分，也是最大的文化载体之一。因此，在平时的教学中，教师应注重介绍英语词汇的文化意义。英语中有许多词汇来自神话、寓言、传说，或是与某些名著有关。了解这方面的文化知识，有助于提高学生对英语词语的理解和掌握。例如，在英语中 dog（狗）是人们生活中的重要伙伴，甚至有时直接泛指人。于是就有了"Every dog has its day"（凡人皆有得意日）和"You are a lucky dog"（你是个幸运儿）。在汉语里，用狗比喻人多带贬义，如"癞皮狗""走狗""狗腿子"等。另外，由于环境、历史和文化的不同，在表示相似的比喻或象征意义时，英语和汉语会使用完全不同的颜色词，如 green hand（没有经验的人）等。

在语法教学中，教师也可以结合多元文化进行讲授。教师可以通过适当的英汉语言对比，启发学生讨论，增强学生的学习兴趣，从而帮助学生牢固地掌握英语语法，提高他们运用英语的能力。例如，在总结名词复数形式时，结尾的名词，一般情况下在词尾加 –es 构成，但是，由于英语词汇中有很多外来词汇，某些外来词（tobacco，piano 等）则在词尾加 –s。

三、参与多元文化社会

英语学习的最终目的是使用英语，英语教学的最终目的是培养学生对英语的综合运用能力，参与多元文化社会。在教学过程中，教师要培养学生能够运用所学的语言知识在不同的场合、对不同的对象进行有效得体交际的能力。具体来说，教师在教学过程中需要注意以下几个方面。

（一）将英语作为一种交际工具来教

英语是一种交际工具，英语教学的目的是培养学生使用这种交际工具的能力。使用交际工具的能力是在使用的过程中培养的，因此教师要把英语作为一种交际工具来教，而学生要把英语作为交际工具来学，教师和学生在课上课下都要积极使用英语进行交流。

在英语教学中，教师或学生并不是单纯地教知识或学知识，而是通过操练，培养或形成用英语进行交际的能力。教师要尽量利用教具，为学生创造适当的情境，协助学生进行以英语作为交际工具的真实的或逼真的演习。这样学生不仅学得有兴趣、有成效，而且能真正学会如何使用英语。

（二）在教学中灵活创设交际情境

要想让学生具备使用英语进行交际的能力，使学生能够在适当的地点和时间，以适当的方式向适当的人讲适当的话，就应在英语教学中创设真实的情境，开展多种形式的交际活动。众所周知，利用语言进行的交际总是发生在特定的情境之中。情境包括时间、地点、参与者、交际方式、谈论的题目等要素，在某一特定的情境中，某些因素，如讲话者所处的时间、地点以及本人的身份等都制约着说话者说话的内容、语气等。而且，在不同的情境中，同样的一句话也可以表达不同的意义和功能。例如，"Can you tell me the time"这句话可能表示的意思就有两种：一是向别人询问时间，是一种请求的语气；二是可能表示对他人迟到的一种责备。因此，在英语教学中，要把教学的内容置于一种有意义的情境之中，这样才有可能让学生充分理解每一句话所表达的意思。

在一定的情境中进行的英语教学，还可以使学生身临其境，提高学生学习英语的兴趣。因此，教师在教学过程中要充分结合教材内容，利用各种现有的教具，开展各种情境的交际活动，这样对学生和教学都会产生有利的影响，收到不错的教学效果。此外，教师也可以设计任务型活动，让学生通过完成特定的任务来获得和积累相应的学习知识与经验，需要注意的是，这些活动需要具有交际的性质，才利于完成交际的目标。

第二节 多元文化教育对大学英语教学的影响

一、多元文化教育与大学英语教学

（一）多元文化对英语教学的影响

文化与语言之间，有着密切的联系，学生在进行英语学习时，学习必要的文化背景知识，是提高其英语能力的重要前提。但传统的英语教学中，老师只注重对学生语法知识、单词量积累等理论知识的学习，却很少关注学生对英语文化、风俗等知识的学习，从而导致学生在英语学习上产生障碍，进而导致中国式英语的出现。

1.语音差异使得学生的英语学习存在着障碍

我国的母语是汉语，通常情况下一个字就是一个音节；但是在英语中却不是这样，英语中一个词有可能是一个音节、也可能是两个三个，甚至是多音节词，中西语言在音节方面的差异，使得中国学生在学习英语时，其能否正确发音就很成问题。此外，在发音问题上，还有一个很重要的因素值得注意，那就是语调。在汉语中，有四个语调，但是英语的发音规则里却没有音调的区分，这对于学生进行正确的发音与交流存在很大的困难，学生不能用中国式的音调来表达自己的意思。英语中虽然没有音调的划分，但却有和音调功能相似的重音，而汉语中却没有重音，这是重要的区别之一。因而，在我国的具体英语教学实践中，老师应注意培养与训练学生对音节的正确运用，以及重音、句子结构等方面，让学生学会正确的发音。当然，老师还可以开展一些英语活动，让学生进行口语的练习，如采取学唱英文歌曲、朗诵诗歌等形式，都是很不错的练习方法。

2. 词汇差别使得双方理解发生分歧

中国与西方国家在说话方式、问候方式、风土人情等方面都有明显的差别。比如在语言词汇的学习中，有一些词的差别就很明显，如"freeze"这个词的基本含义是"冰冻，结冰"，在一些英语教材中也只介绍这个含义；但是在美国社会里，这个"Freeze!"却是人人皆知的日常用语，是"站住，不许动"的意思。又如"狗"这个词，虽然在中国它是忠实的象征，但在具体的语言应用中，如果一位中国人说"你是个像狗一样活着的人"，那么就意味着，对方是在贬低你，是对其人格的侮辱，又如"狼心狗肺""狗咬吕洞宾，不识好人心"中的狗一样，它们大多为贬义。但是在西方国家里，狗的含义却完全不同，如果有人说"You dog"，那么其意思是说"你很可爱"，并没有在骂人，而日常生活中人们也经常将那些幸运之人称为"lucky dog"。对于这些中西方词汇的不同用法，老师应对学生进行必要的训练与扩充，使得学生在具体的英语对话中，能够充分了解其语意，从而更好地与西方人沟通。

3. 语法结构与句子构成导致中国式英语的出现

如果学生不能充分理解英语句子的构成，那提高英语写作与阅读能力，将会非常困难。在日常的英语学习中，由于很多学生不能熟练地掌握英语语法与句式，因而出现了很多中国式英语的句子，如"hours read English every day.""My English level high."这样的句子是用汉语的思维写下来的，它完全不符合英语的表达习惯。虽然这只是英语语法表达方面的错误，但究其根源，这是中西方不同文化特点所导致的。中国学生在中国式思维下，对英语句子进行组合与书写，使得中国式英语现象一直大量存在。因而，在具体的英语教学中，老师应培养学生的西方思维，使得学生在语法结构与构成方面，能对英语有一个更好的认识，从而保证英语能力的提高。

（二）多元文化教育对英语教学的启示

1. 激发学生对文化差异的学习兴趣

学生无论学什么，只有在自己真正感兴趣的情况下，才能充分发挥自己的主观能动性。学习英语也是如此。因此，在传授跨文化知识时，培养学生对文化差异的学习兴趣是英语教学必须考虑的一个方面。教师只有不断地改进教学方法，增加新的教学内容，将趣味性贯穿于教学过程之中，才能调动学生的学习兴趣，激发学生学习的热情。

教师可以通过教学方法、教学内容的对比激发学生学习文化差异的兴趣。介绍文化背景，比较文化差异，最好的方法是透过语言看文化，通过所学的语言材料了解其中所蕴含的民族文化语义。通过这种方法，教师可以把枯燥无味的词语解释、语法讲解等变得形象生动，使学生在活跃的气氛中不仅学到了英语语言知识，还领略到了英语民族文化，更重要的是能引起学生对文化差异的学习兴趣。

教师是教学的主导者，而学生是教学的主体，在教学中处于中心地位，教师传授的知识最终要由学生加以理解、吸收，而学生跨文化交际的能力主要靠实践来提高。英语教师应根据教学内容和学生特点，在课堂上采用灵活多样的教学方法和教学手段，并帮助学生树立坚持不懈、持之以恒的英语学习态度。在培养学生的学习兴趣的同时，教师还应当帮助他们养成良好的学习习惯，也就是教会学生学习方法。如果学生只会整天抱着课本死记硬背，则很难掌握实际的英语交际能力。教师在教学中一定要结合具体教学对象的学习情况采用行之有效的教学方法。英语是一种工具，英语学习是一个漫长的过程。只有通过持之以恒的学习和大量的实践训练才能做到活学活用，形成驾驭英语语言的跨文化交际能力。

英语教学要把讲解语言知识和介绍文化背景知识、比较中英文化差异有机地结合起来，充分发挥文化背景在教学中的积极作用，培养学生对文化差异的敏感性。

2. 培养学生的跨文化意识

跨文化意识如此重要，因此教师在教学过程中必须重视对学生跨文化意识的培养。在英语教学中，教师要充分利用现代化的教学手段，介绍英语国家文化背景，让学生最大限度地接触一些英美本土文化信息。

老师可以通过两种途径来培养学生的跨文化意识。一是直接途径，也就是通过在外国文化中生活、体验的方式来获取文化信息，培养对异国文化的敏感性。这对我国国内学生来说显然不可能。因此，我国英语教师可以采用另一种途径培养学生的跨文化意识，即间接途径。间接的方法有很多，比如课堂学习、课外阅读、收听英美广播、观看一些英文图像资料等。但是英语课堂教学毕竟具有一定的局限性，因此课外学习活动是培养学生的跨文化意识的有效途径，教师应该鼓励并指导学生开展形式多样的课外学习活动，特别是要借助于先进的现代化教学手段，加强学生的语言听说训练，在英语学习中给学生导入一些英语文化背景知识。教师应该鼓励学生观看英文原版电影、录像。由英语国家本族人演绎的英文原版电影、录像都具有浓厚的英语文化气息，因此观看英文原版电影、录像是提高文化差异敏感性的一种非常有效的手段。对缺少英语语言环境的我国英语学习者而言，最大的困难就是从课本里学来的英文知识往往与现实生活中的实际语言应用脱节，而观看英文录像不仅可以扩大词汇量，增强听说能力，还能从中学到很多文化知识，在动态的电影录像情景中，可以增进他们对外国文化的理解。

3. 增强学生的跨文化感悟力

通过文化差异的比较，学生在头脑中形成一种潜在反应能力，这种能力就是通过语言这一载体来理解语言所承载的深层次文化内涵的能力，也就是我们常说的文化感悟力。

在英语教学中，教师应注重对英语国家文化背景的介绍，使学生了解英美等国家的文化，通过比较英汉文化的差异，让学生明白不同的语言以及语言背后的不同文化，学会在适当的场合用适当的英语表达自己的思想，实现培养和提高学生运用英语在跨文化语境中正确交流的能力。

增强学生的跨文化感悟力，需要教师引导学生接触、理解文化差异。教师可以在课堂中教授文化知识。教材中有不少关于英语国家的生活方式、行为规范、价值观念、历史地理、文化艺术、风土人情、传统习俗等方面的对话和课文，教师应该让学生注意这些文化知识，增加学生对英语国家文化的感悟力。外语教师还可通过指导学生开展课外活动学习西方文化知识，如带领学生多读一些英语报刊、多听一些英语广播、多看一些原版影视资料来广泛接触和逐步丰富英语文化背景知识，还可以通过指导学生开展英语角、英语晚会、专题讲座以及课外实践活动，使学生在不断接触英语文化的环境中比较中英文化的差异，培养跨文化意识，增强跨文化感悟力。学生增强了跨文化感悟力，就容易理解交际中出现的文化差异了，如一见到 black tea，头脑中立刻明白这是我们常喝的"红茶"。

总之，只有在教学中充分挖掘课程中的文化内涵，引导学生在课外时间多了解英语文化知识，才能使学生认识到中西文化的差异，认识到世界文化的多元化，增强跨文化感悟力。

二、多元文化教育下的大学英语教师角色定位

多元文化教育对大学英语教师提出了新的要求和挑战，教师不再只是权威知识和真理的传授者，他们需要重新定位和完善自己扮演的角色。

（一）多元文化教育对教师提出的要求

1. 具备多元文化教育的知识与技能

知识是教师专业素质的基础。多元文化教育视域下的教师应该做到以下几点：一是教师要掌握双语，具有双语教学的能力；二是教师要熟悉少数民族的历史，了解优秀民族人物的生平；三是教师要掌握学生的心理动向；四是在上课过程中，教师在讲到国家辉煌历程时，不要忽视少数民族的力量。

2. 具备多元文化教育的态度与价值观

态度是人们在自身道德观和价值观基础上对事物的评价和行为倾向，表现为对外界事物的内在感受、情感以及意向。即教师要具有多元文化教育的意识，在教学过程中要做到：平等对待所有学生；承认每个学生的独特性；尊重民族差异；从而使自己的教育方式适合于学生。这就要求教师自身要有明确的教育和教学目的，具有献身于教育事业的精神，富有爱心，对学生的成长与发展充满责任心，同时具有坚定的教育信仰和教育自信，有足够的能力促进少数民族学生学业的改善。

3. 具备多元文化教育的教学能力

多元文化教育不同于传统教育，面对不同民族的学生，教师必须充分了解学生的文化背景，掌握学生的心理状态，具有多元文化教育实践能力。这些能力主要包括：多元文化教学策略，双语教学能力，在课堂教学中对学生要有积极的期待，创造文化多元的教室环境。由于学生具有不同的文化背景，因此，学生对待学习的态度以及学习方法肯定有所差异。因此，教师在教学中应注意统一教学与个别教学相结合，既按照国家标准统一教学，又要充分注意了解各民族学生的特点，做到因材施教。

（二）大学英语教师的角色定位

1. 教师是多元文化的驾驭者

教师驾驭多元文化知识的能力直接影响到英语课程实施的好坏，直接影响到学生的学习情况。多元文化英语教师应具备多元文化教育观。需要强调的是，必须破除与性别、民族、英语民族群体相关的成见，强调人类的基本相近性。在英语教学中教师要充分认识到这一点的价值，并建立起英语道德思考的技能。班克斯认为，教师应"审慎地选择英语教材，消除有种族歧视、偏见等内容的教材"，"选择英语课外阅读书籍或视听材料补充教材的不足，增强学生对其他族群的认识"，"尽量选择观点一致的教材，且避免选用一些有冲突认识的材料"，"避免在概念英语内容教学活动中渗入偏见的成分"。同时，不同群体的学生的文化背景中可能具有不同的语言，因而教师应该根据学生的语言特色，能够具备双语转换的技能，这样不仅有利于教师与学生间的交流，也有利于保存少数民族珍贵的语言财富。

2. 教师是本土知识的传授者

教师不仅要了解其他族群文化，也应该是本土知识的专家，对本土文化中所蕴含的文化特色、价值观和思维、行为方式等要有深刻的认识。作为知识的引导者和文化的传承者，教师有责任以一个真诚的面孔面对学生，将自己的本土文化知识融入课堂教学中，与学生进行平等的交流，这样不仅可以为课堂教学提供更大的空间，也有利于构建良好的师生关系。教师应该比其他人更敏锐地感觉到本土知识的存在，并且懂得如何去发掘和研究学校所处社区的本土知识。在教学过程中，教师应该尊重学生在本土社会中所获得的知识，而不是否定和贬抑本土知识的价值。教师可以引导学生比较本土知识和书本科学知识这两种知识体系的差异。理解它们与各自赖以生存的本土社会境域之间的内在关联，培养学生成为能够将各种知识和认识论融为一体，从而创造出新的认识方式和知识体系的人。

3. 教师是多元文化教学环境的创建者

学校与教室的文化环境也可能成为学生学习英语的障碍。学校作为一种社会化机构，其目标、功能、课程、管理等属于主流文化，如果教师忽略了少数民族的文化，或不知如何塑造多元文化的教育教学环境，则少数学生往往会在"家庭—社区"与"学校"之间的文化断层中找不到平衡点，适应困难。所以，教师要致力于创设多元文化的教育环境。首先，教师要建立与学生的信任关系。师生间的人际关系是影响学生成绩的主要原因之一，文化间的差异和教师的偏见易造成相互间的误解和隔阂。一旦这种疏离的关系形成，将对弱势群体学生的自我观念产生负面影响，使学生感受到挫折。其次，要营造一种积极的家庭式的氛围。教师要致力于提供关怀和尊重的教育环境。其次，教师要充分理解学生的文化背景，不断寻找相关信息，将其自然地整合到教学氛围和课程中。英语教师只有是一个多元文化者，才能了解学生所处的文化环境，理解学生的文化价值观。教师只有从多种视角来理解文化，才能提供适合每一个学生的英语教学策略、动机模式和内容。

（三）大学英语教师的角色完善

多元文化教育背景下，英语教师的角色发生了变化。如何完善教师角色转换是多元文化教育的重要任务。这不仅是教师个人不懈的追求，还需要学校的努力和政府的支持。

1. 教师的追求

教师角色的完善最终落脚在教师个体身上。作为个体，每位教师要追求卓越，树立角色意识，充分理解多元文化中教师角色的多样性，加强学习，主动实践，提升素质。

教师角色意识是指教师对自身角色地位、角色行为规范及角色扮演的认识、理解与体验，不仅包括动态的教师对角色进行认识、理解的过程，也包括静态的教师对角色认识、理解的结果。树立角色意识是自觉完善角色的前提，角色意识影响着教师的教育行为，对教师角色的成熟具有重要价值。明白角色地位和相应的角色行为规范，可以引导教师理解多元文化中教师角色的多样性，使其主动在多元文化的语境中审视自身，要求自己，规范行为，同时养成自觉学习和主动实践的习惯。

学习是教师提升专业化水平和走向角色成熟的必由之路。教师学习主要指在一定人为努力或外部干预下的教师专业知识、能力的生长变化。因此，教师应该在政府、学校政策和制度的保障下，加强对学科专业知识、教育教学知识、人文知识的学习。不单单从书本中学习，还要向同行学习，更要在实践中学习，积累经验，提升专业能力。

教学实践是实现教师角色的途径，同时又是教师成长的途径。在实践中教师的理论知识才能发挥作用，得到检验。教师的实践知识、个人知识通过教学实践才能获得，教师的教育教学能力在实践中得到发展。可见，实践既是目的，也是手段。处于多元文化境遇中的教师要敢于实践，善于实践，勤于实践，在实践中完善角色，在实践中增长智慧。

2.学校的努力

学校教育是由专职人员和专门机构承担的有目的、有计划、有组织、系统的，以促进受教育者的身心发展的教育活动。教师是学校教育的第一资源，离开教师或者缺乏优秀教师的学校难以肩负起培养人才的重任。为了培养高素质的教师，更新观念、营造氛围、完善制度是学校应当做出的重要举措。

学校要不断更新观念，树立教师是第一资源的理念。虽然教师历来被认为是学校教育的基本三要素之一，但是长期以来许多学校决策者深受工具理性主义思想的影响，把教师当成实现教育目的的工具，功利性地一味追求教育效率和成果，不理会教师的情感和自我实现的需要，漠视教师的精神追求。如此便导致教师常常陷入盲目竞争中，疲于应付各项指标任务，淡化了教师应有的角色职责，最终消弭了教育应有之义。改变功利观念，树立以人为本的理念，把教师当作学校发展的第一资源，关心教师成长，满足其精神需求，是促进教师角色完善的第一步。

学校文化氛围于无形间影响教师的意识和行为，其力量虽难以量化描述，却极其强大。但是，部分学校忽视校园文化建设，以应试为导向，让学校成为一个竞争场所，教师职责难以有效履行，致使教育失去其本真。为改变此种状况，学校应重视文化建设，积极营造平等、和谐、民主的文化氛围，让日日身处其间的教师得到平等的对待，受到应有的尊重，享有自由表达的权利，促使其逐步完善教师应有之角色。

制度是要求学校内部人员必须共同遵守的规章或准则。制度具有指导性、程序性、规范性、约束性，同时具有鞭策性和激励性的特点。学校制度规定教师的权利和义务，指导教师履行职责，规范和约束教师行为，激励教师发展。可见，制度建设是完善角色的重要保障。学校必须完善各项制度，特别是教师培训制度、评价制度、奖励制度。而且要加强制度的执行力度，让教师有章可循，有法可依，权益得到保护。

3.政府的支持

政府作为主流文化的倡导者、文化建设的主导力量，加强文化建设，推动文化事业发展是政府的重要职责。面对文化多元化趋势，政府应该发挥主导作用，制定相应政策，在发展主流文化的同时承认文化的差异性，不歧视异域文化、民族文化特别是少数民族文化等，构建理解和信任的文化氛围，采取包容、平等的对话方式促进文化事业发展。通过政策的推动，方能培养出具有多元文化视野的肩负着传承、研究、创造文化使命的教师。教师也要在政策的保障下提升素质，提高专业化水平，切实履行职责。为此，世界各国非常重视文化建设，各自依据国情制定出相应的文化政策。

推动文化发展历来是我国政府矢志不渝的追求，我们"始终把文化建设放在党和国家全局工作重要战略地位"，我们的目标之一是"以民族文化为主体、吸收外来有益文化、推动中华文化走向世界的文化开放格局进一步完善"，同时要"积极吸收借鉴国外优秀文化成果"，而且要求"全面贯彻'双百'方针"。充分承认多元文化的存在和意义，并通过平等开放的心态鼓励"百家争鸣"，志在融入世界多样文化之中。追求"高素质文化人才队伍发展壮大，文化繁荣发展的人才保障更加有力的"目标，强调"推动社会主义文化大发展大繁荣，队伍是基础，人才是关键"，而且要"造就高层次领军人物和高素质文化人才队伍"和"加强基层文化人才队伍建设"，足见政府对文化队伍建设的重视。这为教师在多元文化教育中的角色完善提供了政策和制度保障，为其践行角色职责创造了有利空间，为其发挥角色职能搭建了强有力的平台。

无论教师、学校还是政府，在完善多元文化教师角色的使命中都发挥着重要的作用，三者缺一不可。教师是角色完善的具体体现者；学校是政策的实施者，是具体制度的保障者；政府是大政方针的制定者，是有力的保障。三者形成合力，承认多元文化，理解多元文化，吸纳多元文化，发展多元文化，实施多元文化教育，才能使教师真正成为多元文化的理解者、本土文化的传承者、多元文化的研究者和创造者、教育公平的实施者。

三、多元文化教育与大学生能力培养

在多元文化教育视角下，大学生应重视培养跨文化交际能力。跨文化交际能力是指在特定的交际情景中，具有不同的文化背景的交际者使用同一种语言（母语或目的语）能够顺利进行沟通的交际能力。大学生跨文化交际能力的培养可以参考下列方法。

（一）学会自我观察和自我了解

1. 自我观察

交际中的双方通常不会向对方询问自己的交际风格如何，或要求对方对此做出评价。在这种情况下，想要了解自己的交际风格与情感态度就需要采取自我观察的方法。通过自我观察，交际者不仅可以对自己的交际风格、情感态度形成一个正确的认识，还可以通过对方的反应来进行印证，并在以后的交际中发扬好的方面，改正或避免不好的方面，逐渐提高跨文化交际的能力。

2. 了解自身文化

每个人都生活在一定的文化之下，这些文化影响着人们对周围事物的评判标准。当人们接触到其他文化时，用本民族的价值观、社会规范和行为模式对其进行衡量是一种习惯性的反应。因此，应了解自身文化的特点，尤其是本民族文化的优点与缺点，这有助于冲破本民族文化的围墙，克服狭隘倾向，从而提高跨文化交际能力。

3. 了解自己的交际风格

交际风格是指交际者在交际过程中所体现出的自身特点，具体包括以下几个因素。一是交际渠道，如言语的交际渠道、非言语的交际渠道等。二是交际形式，如巧妙对答的形式、仪式化的形式、辩论形式等。三是交际者感兴趣的话题种类，如股票、商务、艺术、家庭、职业、文学。四是交际者希望交际对象参与的程度。五是交际者赋予信息的实际内容和情感内容。在交际过程中，人们通常很快就能察觉出对方的交际风格。一个不容忽视的现象是，人们往往很少留意自己的交际风格，这就使得人们之间的交际存在障碍。例如，一个交际者自认为是个开放型的人，但交际对象却认为他是内向型的人，这种情况下，交际很容易出现问题。所以，了解自己的交际风格对交际的顺利开展大有裨益。

4. 了解自己的情感态度

在交际前，人们往往会产生一种由预先印象带来的情感态度。这种情感态度易干扰交际者的态度，使交际者戴着有色眼镜看人处事，从而导致误解，或使交际者难以做出客观的判断。可见，交际者自身的情感态度也会对交际的质量产生重要影响。若能事先意识到这一点，交际者就可以尽量避免这种先入为主的情感态度，从而降低负面情绪对交际的影响。做到了上述四点，交际者就能更多地了解自己，这对自身跨文化交际能力的提高大有帮助。

（二）掌握目的文化的信息系统

跨文化交际的顺利进行首先需要交际者掌握该种文化的信息系统，包括学习语言、认识语言和文化的关系以及正确理解和使用非语言符号。

1. 学习语言

语言是交际的工具，也是熟悉对方文化的重要途径。因此，要培养跨文化交际能力首先要让交际者熟悉目标文化的语言。当然，世界上语言种类如此之多，我们不可能全都学会，但学会世界上通用的语言、了解其目的地的日常用语还是很有必要的。英语作为一种国际通用语言，它不仅是大多数国家学校教育中的主要外语,还是国际会议、商务往来的官方语言和通用语言。因此,学习英语是提高跨文化交际能力的一个重要砝码。

2. 认识语言和文化的关系

语言承载文化,同时也反映文化。这一点在习语和谚语上表现得尤为明显。英语习语的特点是字面意思与习语本身的意思不同,只有了解习语的文化内涵才可能正确理解和使用习语,才能促进交际。另外,交际者的成长环境、教育背景也是影响其理解和使用词汇、习语的一个重要因素,因此交际者必须时刻注意这一点,从而选择合适的词句表达和交际策略。

3. 正确理解和使用非语言符号

除语言符号外,人们在交际中还经常使用大量的非语言符号,如目光、体态、味道等。这些非语言符号在不同的文化中有着不同的含义,误用或误解非语言符号很容易引起误会或矛盾。因此,跨文化交际者必须正确理解和使用目标文化中非语言符号的含义,以促进交际的顺利进行。

(三)学会处理冲突事件

交际中难免发生冲突,而跨文化交际由于文化之间的差异更容易产生冲突。要想使跨文化交际顺利地进行下去,交际者就必须学会处理冲突。其中,退避、竞争、和解、折中、合作是处理冲突事件比较好的方法。

1. 退避

退避是避免冲突的一种常用、简单的方式。这里所说的退避不仅包括心理上的退避,如沉默不语或在预感可能发生冲突时绕开话题等,还包括身体上的退避,如远离冲突。

2. 竞争

竞争也是处理冲突的一种方法,但这种方法较为强硬,常表现为交际者通过威胁、言语侵犯、胁迫或剥削等方式将自己的意志强加于对方,从而使对方认同、接受自己的行为、观点、价值观等。

3. 和解

和解和竞争正好相反,它是指交际者放弃自己的立场、观点,接受他人的思想，从而与对方达成一致。这种方法在处理冲突时十分有效，但却意味着交际者本身较为软弱，或要求交际者本身对"谁胜谁负"持无所谓的态度。

4. 折中

折中介于竞争与和解之间，是指交际双方为解决冲突而找到一个双方都能接受的途径。这种方法虽然能使交际双方都感到满意，但同时也意味着双方都要做出一定的牺牲或让步。

5. 合作

合作是通过富有建设性的方法来满足交际双方的需要和目的的一种处理方法。合作不同于折中，它是以积极的态度来看待冲突、解决冲突，以实现交际关系的融洽。

（四）注意物理、人际环境因素

1. 习俗

习俗是文化的一部分，入乡随俗是跨文化交际的一项重要的能力。如果不了解目标文化下的某些习俗，跨文化交际就会出现各种各样的困难。在出国之前，了解当地的习俗有助于我们更快地适应陌生环境，更顺利地实现交际的目的。

2. 时间概念

时间是交际活动中的一个重要因素。不同文化下的人对时间的取向不同，交际风格、过程也就有所不同。例如，处于单一时间取向文化下的美国人通常严格守时，做事也很讲究效率，交际风格较为直接。而处于多向时间取向文化下的人则不那么严格守时。例如，商务合同规定要在2~3小时的午餐休息时间内签署，在会议快结束时才开始谈生意等现象就经常发生。

3. 物理环境

不同文化下，相同的交际活动有着不同的交际规则。例如在美国，商务谈判通常在会议室举行，谈判双方面对面坐着，气氛比较紧张。阿拉伯人则倾向于避免这种正面冲突，因此多采用圆桌会议或席地而坐的方式来进行谈判，使谈判气氛较为缓和。交际者应了解目的文化中的交际规则和交际风格，从而使举止更加得体，使交际行为更加有效。

（五）培养移情能力

"移情能力是情感能力的重要组成部分，主要指摆脱民族中心主义的束缚，不以本民族的价值观念看待和评判其他文化，设身处地为他人着想。"沙莫瓦（Samovar）曾将移情的过程分为以下六个步骤。

1. 承认世界的多元性和文化的差异性。

2. 认识自我。

3. 悬置自我。

4. 以他人的角度看问题。

5. 做好移情的准备。

6. 重塑自我。

此外，还可通过营造跨文化的语言文化环境，转变学生长期形成的由本民族思维方式和认知模式带来的思维定势的影响，在多元文化交流和沟通中进行自觉的文化移情。

第四章 大学英语教学模式

第一节 教学模式概述

一、什么是教学模式

教学模式又称教学结构，简单地说就是在一定教学思想指导下所建立的比较典型的、稳定的教学程序或阶段。它是人们在长期教学实践中不断总结、改良而逐步形成的，它源于教学实践，又反过来指导教学实践，是影响教学的重要因素。因此，了解教学模式的发展及其规律，对于提高教学质量具有重要意义。教学模式是一种教学活动的范式。教育工作者对教学实践进行分析研究，以一定的教学理论为基础，再根据经验和各种教学实践的成效，提出一种或多种教学模式。所以，教学模式能以具体、可操作的形式体现教学的理论或理念。例如，交际教学模式体现了英语或第二语言教学应该培养交际能力这一理论，教学中就有了结构教学模式或功能意念教学模式。前者多安排句型操练，后者则注重角色的扮演、问题的解决等。教学模式一方面有利于我们学习理解和掌握先进的教学理论，使科学的理论能迅速而成功地得到应用，另一方面，也有利于用成熟的经验来不断丰富教学理念，从而提高教学效率，促进学生语言能力的发展。

二、国外关于教学模式定义的研究

美国教学研究者布鲁斯·乔伊斯和玛莎·韦尔出版《教学模式》一书，专门系统地研究了各种流行的教学模式。近些年我国也有人专门撰文介绍和研究教学模式，教学模式成为当前教学研究的一个重要课题。但是，对于教学模式的定义，国内外研究者们看法并不一致。在国外较有影响的教学模式定义就是乔以斯和韦尔的定义。他们认为，教学模式是构成课程和课业、选择教材、提示教师活动的一种范型或计划。他们把教学模式定义为一种教学范型或计划。实际上，教学模式并不是一种计划，计划只是它的外在表现，教学模式蕴含着某种教学思想或理论，用"范型"或"计划"来定义教学模式显然将教学模式简单化了。

美国两位著名的比较政治学者比尔和哈德格雷夫在研究了一般模式后，对教学模式下的定义是：模式是再现现实的一种理论性的、简化的形式。比尔和哈德雷夫的模式定义有三个要点：第一，模式是现实的再现，也就是说，模式是现实的抽象概括，来源于现实；第二，模式是理论性的形式，也就是说，模式是一种理论，而非工艺性方法、方案或计划；第三，模式是简化的形式，也就是说，模式是精心简化了的理论性形式，即清晰明了的形式。比尔和哈德格雷夫的模式定义较为科学地揭示了模式的本质，是可取的。

三、国内关于教学模式定义的研究

在国内关于教学模式的定义，大致有三种看法：第一种是认为模式属于方法范畴，其中有的认为模式就是方法，有的认为模式是多种方法的综合；第二种是认为模式与方法既有联系又有区别，各种方法在具体时间地点和条件下表现为不同的空间结构和时间序列，从而形成不同的模式；第三种是认为模式与"教学结构广功能"范畴紧密相关,教学模式是人们在一定的教学思想指导下,对教学客观结构做出的主观选择。上述教学模式定义在某些侧面反映了教学模式的本质,但尚欠科学。第一种定义与乔以斯和韦尔的定义有同样的简单化缺陷。实际上教学模式既不是方法,也不是方法的综合。第二种定义实际上只承认模式与方法的区别与联系,指出了教学模式的形成,并非严格意义上的科学定义。第三种定义触及了教学模式的本质,即结构与功能,但也不是一个严格的科学定义。那么,究竟应怎样定义教学模式呢?当前国内有关教学模式的总结,大致有下列五种:第一种教学模式属于方法范畴。其中,有人认为教学模式就是教学方法,有人则把教学模式视为多种教学方法的综合。第二种教学模式和教学方法既有联系又有区别、各种教学方法在具体时间、地点和条件下表现为不同的空间结构和时间序列,从而形成不同的教学模式。第三种教学模式与"教学结构—功能"范畴紧密相关。第四种教学模式就是在一定教学思想指导下所建立起来的完成所提出教学任务的比较稳固的教学程序及其实施方法的策略体系。第五种教学模式是在教学实践中形成的一种设计和组织教学的理论,这种理论以简单的形式表达出来。概括起来大致有两类见解:持过程说的学者将教学模式纳入教学过程的范畴,认为教学模式就是教学过程的模式,是一种有关教学程序的"策略体系"或"教学样式"。其中比较典型的提法是:"教学过程的模式,简称教学模式,它作为教学论里一个特定的科学概念,指的是在一定教学思想指导下,为完成规定的教学目标和内容,对构成教学的诸要素所设计的比较稳定的简化组合方式及其活动程序。"持结构说的学者认为教学模式属于教学结构的范畴。结构,从广义上讲,是指事物各要素之间的组织规律和形式。教学结构,主要是指教师、学生、教材这三个基本要素的组合关系。从狭义上讲,教学结构指的是教学过程各阶段、环节、步骤等要素的组合关系。一般使用这一概念时,多是从后者来理解的。结构说的典型提法是"把模式一词引用到教学理论中来,旨在说明一定教学思想或教学理论指导下建立起来的各种类型教学活动的基本结构或框架"。

上述的第一种定义混淆了教学模式与教学方法之间的界限。教学方法与教学模式，各有其独特的内涵，绝不能混为一谈。第二种定义和第三种定义都缺乏充足的科学依据，没有揭示出教学模式的本质。第四种定义的用语不科学。教学模式是教学程序还是策略体系，没有说清楚。第五种定义会让人产生教学论就是教学模式的错觉。而美国人提出的教学模式，是把教学大纲与教学模式相混淆，因此是不科学的。

因此，确定教学模式的概念，既要考虑逻辑学对下定义的要求，又要注意吸收诸如系统论等最新科学研究成果，研究古今中外教育史上教学模式的发展规律，吸取现代教学模式理论的精华，并对教学经验进行分析、综合后，才能给教学模式下一个比较贴切的定义。笔者认为对教学模式的概念做如下理解较为妥当："教学模式是在一定教学思想或教学理论指导下建立起来的，较为稳定的教学活动结构框架和活动程序"。"结构框架"意在凸显教学模式从宏观上把握教学活动整体及各要素之间内部关系的功能；"活动程序"意在突出教学模式的有序性和可行性。

四、教学模式的功能

（一）课堂功能

教学模式有什么功能呢？美国社会科学家莫顿·多伊奇曾研究过一般意义的模式的功能，指出模式一般具有四种功能：组合、启发、推断和测量。组合功能指模式能把有关资料（经验的与科学的）按关系有规律地联系起来，显示出一种必然性。启发功能指模式可以启发人们探索新的未知的事实与方法。推断功能指模式可以使人们依据它所提示的必然规律，推断预期的结果。测量功能指模式能通过揭示各种关系，以表明某种排列次序或比率。

莫顿·多伊奇对一般模式功能的研究能够启发我们更好地认识教学模

式的功能。笔者认为，教学模式的功能分为两个方面，一是理论方面的功能。教学模式能以简化的形式表达一种教学思想或理论，便于为人们掌握和运用。二是实践方面的功能。教学模式的实践功能包括指导、预见、系统化、改进四种。指导功能指教学模式能够给教学实践者提供达到教学目标的条件和程序。预见功能指教学模式能够帮助教学实践者预见预期的教学结果，因为它揭示出一种"如果……就必然……"这样的联系。系统化功能指教学模式能使教学成为一个有机的系统，对教学的各种因素都发生作用。改进功能指教学模式能改进教学过程、方法和结果，在整体上突破原有的教学框架。

（二）理论功能

由于教学模式总是某种教学理论在特定条件下的一种表现形式，因此它比教学理论的层次要低，但又比教学经验的层次要高。"模式"这个词本身就是指一种根据观察所得到的概括化的框架和结构，它一般还包括了可供实施的程序和策略，所以它比概念化的理论要具体一些。但它又比经验教学层次高，因为它具有一种假设性和完整性，教学模式不只是简单地反映已有的教学经验，而且还要做出合理的推测来揭示原型中的教学经验，并做出合理的推测来揭示原型中的未知成分，它是反映和推测的统一。个别的教学经验，经过逐步的概括、系统的整理可以使它通过教学模式的形成而进一步提高到理论；各种理论通过相应的教学模式可以使它成为易于为实际工作者所接受的方案。

正是教学模式的这一特征，使它能较好地充当理论与实际经验之间的中介和桥梁。从某种意义上可以说，教学模式即是教学改革的产物。但它同时又直接促进了教学改革的发展。如果通过一段时期的努力，我们能逐步建立起具有各种类型的课堂教学模式系统，也能建立起像试题库一样的课堂教学模式库，这将使我们各级各类学校的教学工作逐步走向科学化。它还可以为刚参加教学工作的青年教师提供一些可供选择和参考的教学方案，使他们教有所据，从而很快地熟悉教学，使教学质量得到必要的保障。

对具有多年教学经验的老教师来说，课堂教学模式库的建立，也可以使他们不再囿于过去习惯采用的教学模式，为教学更加多样化提供了方便。同时各种课堂教学模式由于仅仅提供了一个大致的框架，它有待于在教学实践中进一步具体化这就为创造性的教学提供了各种可能。而教学实践上的各种改革又将进一步促使教学模式走向完善，推动教学理论的进一步发展，从而形成"实践——理论——实践"的良性循环。

第二节　教学模式的理论基础

英语作为一门国际通用语言，发挥着日益重要的作用。当前社会对大学生的英语水平提出了更高的要求，由此对大学英语教学质量的提高也势在必行。研究表明目前大学英语教学存在以下问题："过分强调语言基础知识的学习，忽略了语言能力的培养""学生数量在高校扩招的背景下骤增使得英语教师质量和数量不能满足需要""教学模式和方法落后，未能充分利用先进的、现代化的教学手段""缺乏统一的、科学的英语教学管理体系""教学考核测试手段单一"等。

最新大学英语教学改革重点在于提高大学生的英语应用能力、自主学习能力和跨文化交际能力。课程设置部分明确提出，"大学英语课程的设计应充分考虑听说能力的要求"，以及"设计大学英语课程时也应充分考虑对学生文化素质培养和国际文化知识的传授"。在这种前提下，"无论是主要基于计算机的课程，还是主要基于课堂教学的课程，其设置都要充分体现个性化"，要"确保不同层次的学生在英语应用能力方面得到充分训练和提高"，同时在教学模式部分也提出"英语教学的实用性、知识性和趣味性相结合的原则"，要使英语教学"朝着个性化学习、自主式学习方向发展"。

一、建构主义教学模式

建构主义教学模式是在建构主义学习理论指导下建立起来的,是建构主义理论应用于课堂教学的教学模式。它提倡在教师指导下,以学生为中心的学习方法,其学习环境包括情境、协作、会话和意义建构等四大要素。因此,建构主义教学模式主要是在教师指导下,以学习者为中心的学习。学生是信息加工的主体,是知识意义的构建者,而不是外部刺激的被动接受者和被灌输的对象。教师则是意义构建的帮助者和促进者。总之,建构主义教学模式是指在教学过程中,在教师指导下,以学生为中心,以探究为主要学习方式,充分发挥学生的主动性、积极性和首创精神,使学生有效地实现当前所学知识意义构建的教学程序及其方法策略体系。

自皮亚杰提出建构主义思想以来,在其对学生的学习进行考虑和反思的发展过程中形成了多种流派。虽然各流派在对知识、学习、教师和学生等问题的看法有许多共同点,因而其对教学目标的要求基本一致,但由于各流派侧重点不同,教学中所采取的教学方式和步骤也不一样。目前,比较成熟的研究有:抛锚式建构主义教学模式、支架式建构主义教学模式、随机进入建构主义教学模式等。

二、研究性教学理念

研究性教学是在建构主义学习理论下形成的与之相适应的一种教学模式和方法。建构主义理论包括认知建构主义和社会建构主义。认知建构主义的开创者皮亚杰和社会建构主义奠基人维果斯基都一样重视学习的认知过程,把学习看成是学习者主动"建构"知识的过程,而不是通过他人"给予"而被动接受和使用的过程。"认知结构产生的源泉是主、客体相互作用的活动,在相互作用的活动中蕴涵着双向结构。"以建构主义为理论支撑的研究性教学是指"学生在教师指导下，以类似科学研究的方式去主动获取知识、综合运用知识解决问题的一种学习方式。研究性学习与一般意义的科学研究具有一定的相似性，如在研究过程中两者都要遵循提出问题、收集资料、形成解释、总结成果这样一个基本的研究程序。在这里知识都以问题的形式呈现，知识的结论要经过学习者主动的思考、求索和探究。"可见，研究性教学理念的本质是学生主动参与的探索性学习，思维是学习的动力，学生是学习的主人，因此"外语是学会的"这句话里的"学"是研习的意思。在大学英语教学中倡导研究性教学理念，应该说是为内容教学提供了一条新路。众所周知，外语是一门工具性质的学科，而大学英语的工具性就更显突出。由于没有实质的教学内容，没有像高考这样重要的教学目标，因此大学英语的听说读写技能训练就变得枯燥又机械。只有研究性教学，才使大学英语教学第一次有了真正的教学内容，并且在完成项目的研究过程中，学生的外语能力在实践中得到了锻炼，学生的思辨能力、创新能力得以发展，学生的学习能动性从根本上得到了改观。

但是研究性教学也不是完全淡化外语技能的培养。事实上，将所学的语言知识应用于信息获取、问题分析、精确讲说、书面写作等过程更能培养学生把外语作为一门语言工具的能力。另一方面，研究性教学在大学英语中的应用又有别于英语专业的研究性教学。英语专业的研究性教学是对英语语言学、文学和英语文化等的专业知识的学习和研究，而大学英语的研究性教学是让学生在一定范围内自主选题，题目可以是人文社会的，也可以是自然科学的，这样既锻炼了语言能力，又培养了思维能力，扩展了学生的知识面，一举多得。近年来，美国和日本等国家都设置了类似的"研究型"课程，其共同点是都重视知识的掌握，但更注重学习的方法、强调主动学习、科学精神与人文情怀并重。

三、人本主义学习理论

人本主义学习理论从人的自我实现和个人意义的角度揭示了学习的本质，认为学习是个人自主发起的，使个人整体投入其中并产生全面变化的活动，是个人的充分发展，是人格的发展，自我的发展。根据人本主义学习理论，美国心理学家马斯洛、罗杰斯等创立的人本主义理论提出10条学习原则：

1. 人生来就对世界充满好奇心，人生来就有学习的潜能。

2. 当学生觉察到学习内容与自己的目的有关时，有意义的学习就发生了。

3. 当学生的信念、价值观和基本态度遭到怀疑时，他往往会有抵触情绪。

4. 当学生处于相互理解和支持的环境里，在没有等级评分却鼓励自我评价的情况下，就可以消除由于嘲笑和失败带来的不安情绪。

5. 当学生处于没有挫败感却具有安全感的环境里，就能以相对自由和轻松的方式去感知书本上的文字和符号，区分和体会相似语句的微妙差异，换言之，学习就会取得进步。

6. 大多数有意义的学习是边干边学、在干中学会的。

7. 当学生负责任地参与学习时，就会促进学习。

8. 学习者自我发起并全身心投入的学习，最深入，也最持久。

9. 当以自我批判和自我评价为主、他人评价为辅时，就会促进学习的独立性、创造性和自主性。

10. 现代社会最有用的学习是洞察学习过程、对实践始终持开放态度，并内化于自己的知识积累。

简而言之，人本主义理论主张废除以教师为中心的教学模式，而用以学生为中心的模式代替，使学习者感受到学习具有个人意义。人本主义学习理论强调学习是一个情感与认知相结合的精神活动。在学习过程中，情感和认知是彼此融合、不可分割的两个部分。整个学习过程是教师和学习者两个完整的精神世界的相互沟通、理解的过程，而不是以教师向学习者提供知识材料的刺激，并控制这种刺激呈现的次序，期望学习者掌握所呈现的知识并形成一定的自学能力和迁移效果的过程。由此可以理解，教学也不再是以教师为中心，以知识输入讲解为主要方式的活动了。要使整个学习活动富有生机、卓有成效，需要以学习者为中心，深入其内在情感世界，以师生全方位的互动来达到教学目标。这不同于多年来我国大学英语教学课堂以教师为主体，以教师讲解传授为主要形式的教学方法。

四、后现代主义教学观

后现代主义教学观是在对教育"现代性"进行深刻反思的基础上形成的观念，具有开放性、超前性和创新性等特点。在我国后现代主义最早出现在20世纪80年代初的《读书》杂志上，1985年美国杜克大学的弗·杰姆逊教授在北大开设了名为"后现代主义与文化理论"的专题课，在此之后，后现代主义在中国得到了快速发展。总体而言，它是对现代主义所崇尚的总体一致性、规律性、线性和共性及追求中心性的排斥，主张以综合、多元的方式去建构，具有非中心性、矛盾性、开放性、宽容性、无限性等特征。后现代主义教学观对大学英语教学改革表现在：

1.在打破"完人"教育目的观的同时，后现代主义者提出了自己的教学目的观。他们主张教学目的要注重学生各方面的发展，而不强求每个受教育者都得到全面发展，要培养符合学生自己特点及生活特殊性的人，培养具有批判性的公民。

2.后现代主义认为现代主义的课程观是不科学的、封闭的。多尔从建构主义和经验主义出发，吸收了自然科学中的理论，把后现代主义课程标准概括为4种原则，即丰富性、循环性、关联性及严密性。

3. 后现代主义认为教学过程是一个自组织过程。自组织是一个通过系统内外部诸要素相互作用，在看似混沌无序的状态下自发形成有序的结构的动态过程。

4. 后现代主义的师生观认为，在传统的教学中，教师处于知识传授的中心地位，而学生处于被动和弱势的地位。教师是话语的占有者，学生的自主性和潜能受到了压制，故后现代主义认为，必须在课堂教学中建立师生平等对话的平台。在科学技术日新月异的影响下，知识的传播已经发生了很大的变化，教师的主要任务是教会学生使用终端技术和新的语言规则。师生关系中，教师从外在于学生的情景转向与情景共存，教师的权威也转入情景之中，他是内在情景的领导者，而非外在的专制者。

5. 后现代主义的教学评价要求实施普遍的关怀，着眼于学生无限丰富性发展的生态式激励评价，让学生充满自信，每个个体都能始终获得可持续发展的动力。它强调教学评价应该体现差异的平等观，即使用不同的标准、要求，评价不同的对象，主张接受和接收一切差异，承认和保护学习者的丰富性、多样性。

五、学术英语教学理念

学术英语也是近年来在大学英语教学改革中频繁提到的一个新的课程设计理念，它是针对在大学英语教学中盛行了几十年的基础英语提出的，基础英语的教学重点是语言的技能训练，包括听、说、读、写、译等技能，而学术英语分为两大类：一般学术英语和专门用途英语。前者主要培养学生书面和口头的学术交流能力，后者主要涉及工程英语、金融英语、软件英语、法律英语等课程。以学术英语为新定位的大学英语教学，既区别于以往的以语言技能训练为主的基础英语，也区别于大学高年级全英语的专业知识学习或者"双语教学"，当然也区别于英语专业学生所学的人文学科方面的专业英语。它是基础英语的提高阶段，即在学生掌握了一定的规则和词汇，达到了一定的水平后，为他们用英语进行专业学习做好语境、内容和学习技能上的准备，是在大学基础教育阶段为今后全英语专业知识学习打下基础的一种教学模式。

第三节　大学英语教学模式发展现状

目前，我国高等教育仍未完全脱离普通高校旧有的传统教学模式。事实证明，传统型教学模式远不能满足高等教育培养目标的需求。为此，必须建立一种具有中国特色的，能够培养出高级技术复合型人才的现代教学体系。

一、"传统型教学"存在的弊端

面临信息社会与知识经济时代的到来，传统教学模式已明显地暴露出了固有的弊端。如单一的教学手段；教师"一言堂、满堂灌"的教学方法；陈旧滞后的教材内容，教学与科研生产相分离；教师知识结构的老化等。传统型教育模式必然要受到以下三方面的冲击与挑战。一是缺乏竞争意识，无法抵抗市场经济的冲击。市场经济的全球化正在影响着人才的走向，而经济竞争即是对人才的竞争。二是封闭式的教学弊病无法抵抗知识经济的挑战。现今社会已进入知识经济主导下的"学习革命"时代，学校教育与社会实践要开始为社会创造效益，且学生毕业走上就业岗位后仍需不断地学习。三是传统型教学模式不能像现代教学方式一样充分利用高速网络与信息传输技术、高新的教学设施、先进的教学手段和现代化的教学环境。

近年来，人们对大学英语教学改革的呼声越来越大。为了促使我国大学英语教学改革顺利完成，提高大学英语教学的效率，必须先对大学英语教学中存在的问题进行探索。

（一）大学英语教学问题综述

我国学生从小学到中学、大学，甚至到硕士、博士，在英语学习上投入了大量的时间和精力，但是，整体水平却并不高。

学生英语水平普遍不高与英语教学的方式存有很大关联。在课堂上，教师一直讲，学生一直闭口听、记笔记，却害怕开口、害怕提问。下课后，学生也只是背单词、背笔记、做机械性的训练。这样完全没有启发式的教学，使得学生既无法提高对英语学习的兴趣，也无法提高英语学习的成绩。

（二）大学英语教学中的具体问题

1. 受"应试教育"的制约

应试教育是传统英语教学模式的一个基本目标，它与素质教育的根本区别在于"考试观"的不同。考试主要具备两种功能：评价功能和选拔功能。在"应试教育"思想的长期影响下，人们更加看重考试的选拔功能。比如，大学英语四、六级考试早已成为大学英语教学的指挥棒，通过率的高低是评价学校及教师的一个主要标准。这又使四、六级考试的应试性特点得到了强化，使得考试失去了其应有的作用，使其提高学生英语应用能力的目标得不到落实。事实上，语言学习应该做到：多听、多说、多读、多写，特别是多背。语法知识固然很重要，但获得外语的"语感"更加重要，这就需要背诵。没有背诵，也就失去了外语学习的"脊梁"。不仅是背单词，更重要的是背诵课文。而英语四、六级考试的题型主要是选择题。这就是学生将大量的时间花在了背语法、词汇，做大量模拟试题上的原因。学生更加看重答案的标准性、唯一性，不愿意诵读课文，忽视了课堂上的讨论和交流，从而在心理上很排斥交际活动，过分依赖教师的讲解，逐渐丧失了思考、质疑、创新的能力。虽然具备了较强的应试技巧，但交际素质很低。此外，传统的英语教学模式是单调乏味的。它严重制约了英语教与学两方面的积极性。教师在课堂上习惯地采用以讲授为中心的、单向的、非交际的"满堂灌"教学方法，单一的教学模式中教师机械地讲，学生被动地听，课堂教学无法活跃和互动起来，学生的语言交际能力得不到提高。

这样的教学过程只是一味简单的重复,也就失去了新奇性。对学生来说,他们原本处于被动地位,如果接受知识的过程始终单调乏味,课堂学习效率就很难提高。

2. **教学模式和教学方法单一**

目前,我国英语的教学模式存在的问题,主要体现在两个方面:

首先,我国的英语教学仍然沿用传统的模式。在英语教学中,教师不但要向学生传授必要的语言知识,还应该启发和引导学生运用所学进行广泛的阅读和其他交际等实践活动。但是,在相当长的一段时间里,我国的英语教学一直都采用"书本加黑板"的教学模式。这种模式不仅忽略了教与学之间的关系,而且忽略了英语教学其根本目的是要培养学生的交际能力。此外,学生出现了独立运用语言能力差、对教师依赖性强、"高分低能"等现象,造成很多学生只会考试、不会实践。

其次,教学手段单一落后。随着现代技术的发展,在教学中出现了很多现代化的教学手段,使学生可以在更广泛的范围内接触和学习英语。但从实际情况来看,现代教育技术在英语教学中的应用还是不够。尽管一些学校使用了诸如多媒体、网络等教育手段,但实际效果并不理想。这一方面是由于学生数量多与现代化设备相对少两者之间产生矛盾,从而在整体上缺乏多媒体学习环境所导致的;另一方面也与学校乃至英语教师本身不重视现代教育技术的真正作用,致使很多现代化教育设备无法发挥其训练和实践的功用。

可见,要激发学生对英语学习的兴趣,提高他们综合运用英语的能力,必须改革英语教学手段,优化学生的学习环境。

3. **教材选择存在弊端**

教材在很大程度上决定着课程的教学目的和教学方法,因此,对于任何一门课程而言,教材的设计和选择都非常重要,甚至决定了这一门课程教学的成功与否,英语教学也不例外。目前,我国非英语专业大学英语教材在内容选择上重文学、重政论,忽视了现代的实用型内容。社会各方面都得到了较快的发展，但是外语教学却止步不前。特别在教材上，教材内容已与现代社会相脱节，教材设置目的已不能满足现代外语教学的需求。虽然我国引进了合编的或原版的英语教材，并在我国本土教材的设计上有了较大改变，但是这些教材只追求"可教性与可学性"，而忽视了实用性。学生从课本上学到的知识没法在社会交际中得到应用，从而渐渐失去对英语学习的兴趣。

要想设计一本好的英语教材，应该考虑以下几个因素。

（1）好的教学指导思想。

（2）内容的安排和选择符合教学目标。

（3）体现先进的教学方法。

（4）教材的组成是否完整包括了学生用书、教师用书、练习册、录音带（或录像带、多媒体光盘）等组成的立体化教材。

（5）教材的设计是否合理，即教材的篇幅、版面安排、图文比例和色彩等。

（6）教材语言的素材是否真实、地道。

总之，作为教材的直接使用者，教师可以结合以上因素为教材的设计提出建议，开发出适合我国学生的科学性教材，从而促进我国英语教学的发展。

二、大学英语教学改革需要寻找新定位

近年来，大学英语教学改革已取得了明显成效：标准建设取得了重大进步。教育部于2017年颁布了《大学英语教学指南》，作为各高校组织开展非英语专业本科生英语教学的主要依据。

（一）教学方法取得了重大进步

目前，大学英语教学能够充分利用现代信息技术特别是网络技术，构建基于课堂和计算机的大学英语教学新模式。

(二) 项目建设取得了重大进展

全国 100 所高校成为大学英语改革示范点，教育部、财政部"十三五"质量工程的教学团队建设和教学名师评选取得成效。

(三) 教师队伍建设取得了重大进步

教师整体学历和教学能力在逐年提高。

(四) 四、六级考试改革稳步推进

但是必须看到，大学英语教学改革还存在很多不容忽视的问题：教学模式相对单一；大学生英语综合应用能力不强；大学生英语学习的积极性、主动性、创造性不强；教师业务水平和教学能力有待提高等。如何解决这些问题是大学英语改革的新目标。

三、课程建设的必要性

以学术英语和研究性学习为新定位的大学英语教学改革已经引起了国内外专家的重视。英国语言学家大卫·格雷德尔预言："英语仅仅作为一门外语来学习的时代即将结束。学习者需求的变化和市场经济的变化导致英语教学正在同传统的英语教学方法决裂。"英国文化委员会在一项大型英语调查中得出结论："将来的英语教学是越来越多地与某一个方面的专业知识或某一个学科结合起来"。在日本，大学英语课程已从"学习英语"转向了"用英语学习"。在国内，大学英语教学正悄悄地从单纯基础语言培养向实用能力（包括与专业有关的英语能力）培养转移。以东南大学为例，学期的基础英语学分已从 16 分降到 9 分，大学英语被压缩到了 3 个学期，而且只有不到 70% 的学生需要学完 3 个学期的基础英语，其余 30% 只需学 1 到 2 个学期，剩下的 1 到 2 个学期用于选修各种培养英语应用能力的课程。

因此，课程建设的必要性表现在：

首先，可以给大学英语改革带来新的动力。当前大学英语课程教学主要问题在于：大学英语教学仍然以普通基础英语为主要教学内容，不具备实用性和社会交往性，无法适应经济发展的需要；课堂教学内容与就业需要关联不大，无法形成学生主动学习的内驱力；教学方法落后、教学模式陈旧，很少甚至没有吸收学生的自主性、主体性、实践性；教师和学生都无法从宏观上充分看到英语学习的即时价值和意义，把语言学习和社会、经济发展剥离开来。因此，以培养学生学术书面和口头汇报能力为目标的大学英语"研究型"课程可以给大学英语改革带来新动力。

其次，可以满足新一代大学生对大学英语课程的需求。大学英语课堂上学生沉默，学习懈怠，以及出现课上不学、课后上培训班的现象，主要是因为现有大学英语的课程设置和授课方式没能很好地迎合新时代学生的需求。最新一代的大学生在网络和多媒体环境下长大，他们用于日常交际的英语能力较过去的大学生有很大进步。但是他们的应用能力较弱，双语和全英语专业课上听课、要点记录、观点陈述等方面，以及原版教材和专业文献阅读，论文及摘要撰写等方面语言能力缺失。《大学英语课程教学要求》提出了实施基于计算机和网络的教学模式，强调了培养大学生英语综合应用能力。因此应针对新一代大学生同一时间能承担多重任务、通过感官学习、反馈快速等特点，调整教学定位，为社会培养能熟练使用外语的工程技术人才。

最后，可以推进教师职业化进程。提高人才培养水平，最根本的是提高教师质量；提高大学英语教学质量，最根本的也是提高教师教学水平。尽管近年来大学英语教师队伍建设取得了稳步发展，但这支队伍的业务水平和教学能力还不能完全适应大学英语教学改革的新要求，表现在观念陈旧，教师角色转变等问题上。因此在新课程体系建设的背景下，教师必然要更新观念，转变角色，提高学术水平和教学水平。

四、"现代型教学"模式

由"传统型教学"到"现代型教学"的转变，必须从教学观念、教学内容与方法等方面进行变革。

（一）教学观的转变

现代教学观是主张以教师为主导、以学生为主体、以就业为导向，实现培养目标和培养规格，并以现代新技术为支撑的教学观点。采用以网络技术为依托的实验手段，依靠计算机、多媒体和远程通信技术，对教学内容、教学组织形式进行彻底变革。利用网络教学、双向教学、远程教学拥有的软件资源，开发学生智力，培养自主学习与探索新知识的能力。教学、科研和应用有机结合。以现代信息技术为依托，以科研促进教学与应用，开拓新知识，增强科研意识，提高师生的实践创新能力。以研究带动应用。其重点与难点在于探索问题、研究解决问题与成果应用三个环节。前者必须具有应用意识，后者则必须具有相应的实践技能。而这种能力的培养需依靠"现代型教学"。

（二）课程观的转变

教学内容和课程体系的改革应遵循以下基本原则：必须反映当今社会的生产力水平及科技新成果，有利于促进生产力发展；要反映人才培养目标和规格需要；要体现近代文化、科技创新；要精选教学内容，因材施教，以利于学生能力的培养与可持续发展。

课程的设置与内容的选取：以社会需求为目标，以应用能力的培养为主线，设计相应的培养方案，构建相应的课程与教学内容，基础理论课程以应用为目的，实践教学应占有较大的比例，着重培养学生的应用能力。

（三）教学方法的转变

1. 由传统方式向互动式转变

传统教学把重点放在"什么是什么"的事实类知识的传授上，学生只能处于被动的地位，并过分依赖于教师的讲授，缺乏对知识结构的深入探讨。互动式教学是以动态问题为主，启发学生主动思考、积极参与，教师的主导作用是知识的引导与教学的组织，并将教师的主导思想，转化为学生自主的学习行动，从而获得好的教学效果。

2. 由封闭式向开放式转变

现代型教学以现代高科技信息技术为依托，将以学校为主的传统封闭式教学转变为开放式教学，通过校园内外的网络开通多媒体教学、空中课堂、网上教学，及时获得新的知识。信息高速公路的实现必将成为最理想的开放式教学手段。

3. 由理论教学向实践教学转变

传统教学着重于课堂教学，并强调理论的系统性和完整性。现代型教学则着重于实践课教学，使学生拥有充分的时间进行实训以掌握技术要领，尽快地提高学生的实践能力。

现代型教学的优点在于采用因材施教的分层次个性化教学手段。由于各大专院校大量扩招，导致在校学生人数多，大课教学目前还普遍存在。在此情况下，协同学习是一种很好的弥补方式，通过课堂讨论学习的方式，使学生之间学会交流、合作、竞争，在此基础上积极创新环境，发现学生个性，分层次、分阶段地实施教学，逐步完成因材施教的个别化教学。

（四）现代型教学的实践模式

在高等教育领域，国际上比较成功的现代型教学实践模式有：德国的双元制教学模式，即企业与学校合作进行职业教育的模式。受训者既是企业的学徒，又是学校的学生，故称"双元制"。受训者接受理论课和实训课两门课，理论课与实训课学时之比为 3∶7，理论课可在学校进行，实训课在企业进行，注重受训者的实践技能、技巧的培训。

另一种是北美较为流行的能力本位的教学模式，是将一般知识、技能、素质与具体职位相结合，以整合能力管理为理论基础，以模块为课程结构的基本特征，以"学"为中心，学习以自主学习的方式来进行。首先对原有的学习能力进行自我认可，确定能力的学习目标，继而进行自学活动，随即在现场进行尝试性能力操作。参照标准进行自我评定，达到全部目标者可获得国家承认的证书和学分。

我国主要应用习而学的教学模式。这种模式提倡的是边做边学，理论联系实际，学以致用，以达到学习水平和业务水平相互促进、共同提高的目的，培养出来的人才更能适应工作岗位的要求。

（五）更新教师知识

现代型教学比传统型教学更先进、更进步，其中包括以应用为主的多种形式。要奠定坚实的现代型教学的基础，教师知识的更新是关键。教师要树立继续学习、终身学习的思想。教师不能只满足于现有的知识水平，而应不断学习，更新知识结构，使自己处于学科的前沿。教师还必须承担一些具有创新性的研究课题。通过对课题的研究和探索，提升自己的专业知识，力争成为本学科的学术骨干。教师也应当深入生产实践，走产、学、研相结合的道路，在生产实践中获得足够的经验，力争成为"双师型"教师。

五、现代型教学的特点

现代型教学具有时代的开放性，以现代信息技术为依托，将教学、科研和应用有机结合，以教研促科研，以科研带教研和应用，与传统型教学相比具有如下特点。

（一）教学观念的创新性和前瞻性

在教学思想方面，现代型教学比较注重知识的专题性、前沿性、开拓性以及对现状的把握，以现代信息技术为依托，重点放在实践教学上，以社会需求和培养应用型人才为目标，以创新为目的。

（二）教学内容的互补性和实用性

现代型教学在高校中将系统教学与专题研究、理论教学与实验教学、研究与应用紧密结合，教学内容的选取是以社会需求为目标、以对技术应用能力的培养为主线，突出实用性，重在培养学生独立发现问题、解决问题的思维和实际操作能力。

（三）教学方法的直观性和科学性

现代型教学不仅利用传统的挂图、模型、幻灯、投影仪等教具，还充分利用现代科学技术手段，充分利用网络、多媒体，综合了计算机、图形、图像处理、电子技术、影视艺术、音乐美术、教育学、心理学、教学法等诸多学科与技术，集文字、图形、图像、声音、视频、影像、动画等各种信息于一体，使抽象、深奥的信息知识简单化、直观化，缩短了客观事物与学生之间的距离，并能充分调动视觉、听觉能力，集中学生的注意力，提高其掌握知识的能力。

（四）教学模式的职业定向性

无论是德国的双元制还是我国的习而学的教学模式，或是能力本位的教学模式，现代型的教学都以社会需求为目标，以某一岗位群为目标来组织教学，培养学生的职业能力，因此，具有明确的职业定向性。

（五）教学能力的知识性

现代型教学将基础教学与应用教学、传授知识和研究新课题结合起来，并立足于学科的前沿，培养出适应时代的创新人才。

现代型教学要求教师不断更新知识，力求在教学中做到"新、博、独、深、精"。"新"即用新观念、新思想、新方法，讲授新内容，使学生有耳目一新之感；"博"即知识渊博，讲授内容广博，信息量大，使学生广学博收；"独"即用独特的方法，讲授独到的见解，培养学生独立思考、独立研究的能力；"深"即深入讲授、深入探索、深入研究，有意识地培养学生探索和研究问题的意识以及信息调研的能力；"精"即精心准备、精心实施、精讲多练，使学生易学、易记、易用。总之，培养新世纪的高等职业专门人才，需要有全新的思想观念，优化的课程体系和高水平的师资队伍，课堂教学要以社会需求为目标。我们每一位从事高校教育的教师，都必须以提高学生的实际应用能力为目标，认清从传统型教学向现代型教学发展的必然性，从教学观念、教学内容、教学方法、教学模式和教师知识结构等方面深入探究现代型教学及其特点。

第四节　大学英语教学模式改革理论与实践

自我国发布实施《大学英语课程教学要求》以来，大学英语教学有了较大的进步和发展，但从目前实际情况来看，教学模式改革仍然面临着一些未解决的老问题。为了提高我国大学英语教学的质量和成效，就必须加大对教学模式的改革和创新。

一、我国大学英语教学模式改革的背景

长期以来，我国大学英语教学普遍采用较为单一的模式，大致遵循"复习旧课—引入新课—学习新课—作业布置"这样一套较为固定的教学程序且教学手段局限于课本、板书、录音机等，采用"教师讲学生听"的填鸭式大班教学，教学效果的评价主要是期末考试成绩或四、六级考试成绩，教学目的也更多的是为了通过考试。即使最近几年随着多媒体技术的发展，部分教师将其引入课堂，但很多教师也仅仅是将黑板上的板书移植到PPT，将听力播放工具从录音机转移到电脑。因此，这样一种传统的教学模式，使得我国学生在学习英语方面存在持续时间长、应用能力差的现状。很多学生通过多年的英语学习，仅仅是为了通过考试，甚至通过考试也相当困难，在语言的实际应用能力方面和社会对人才英语能力要求存在较大差距。出现这样的尴尬局面，较为重要的原因之一是对教学活动本质认识上存在偏差。教学活动不是简单的"教师教、学生学"这样一个简单的过程，它是涉及教师、学生、教材、教法、教学理念及手段、教学评价方式等多种影响因素的复杂过程。因此，要想提高教学效果，就要结合我国英语教学的实际情况，认真分析影响教学效果的多种因素，改革教学模式，从而推动我国大学英语教学不断发展。

二、我国大学英语教学模式改革的主要支撑理论

（一）认知主义

按照学习理论的分类，教学理论相应地可以分为联结说理论和格式塔理论。联结说理论在20世纪60年代发展为行为主义，而格式塔理论则发展为认知主义。认知主义将知识的实质、如何获得知识、怎样把知识应用到创造性活动等作为研究范围。行为主义认为学习是受外部环境的支配而被动地进行"刺激－反应联结"的过程，是在不断地练习和强化的过程中形成的类似于条件反射的习惯。而认知学派则认为学习是学习者内部心理结构的形成和改组，该过程包括信息输入和输出的加工。学习者在获得新知识的过程中，其本身已经拥有的知识、经验发挥了极其重要的作用。来自外部信息的输入刺激会将学习者长时记忆的信息激活，而被激活的认知结构则对学习者消化吸收新信息提供了"必要的机制"。因此认知主义认为学习者获得知识不是依靠教师的灌输，不是被动的接受，而是要作为学习活动的主动参与者去探索发现。因此，从认知理论的角度出发，学习语言是一项复杂的知识技能的习得过程，学习者可以利用元认知了解整个学习的过程，并据此制订学习的计划、自我监控学习过程、开展学习效果的自我评价等。

（二）建构主义

学界通常认为建构主义是认知主义的发展延续，它不是一种完全区别于认知主义的观念，但两者存在的不同之处是建构主义更加强调知识构建过程中的主观性。在构建主义者看来，语言知识的获得是在一定的社会文化背景之下，借助他人帮助并利用学习语言的资料，通过意义构建而习得的过程。因此，学习语言的过程并非是教师将知识单向传递给学生，也并非简单的信息积累过程，而是学习者主动地构建自身知识的过程。在这个构建过程中，教师起到帮助者和促进者的作用，学生成为教学的中心，是

主动参与者。同时，构建主义者还强调知识构建的情景，在一定的情景下学习者可以通过互动和合作进行学习。学习者在习得语言知识过程中，要依靠自我经验及别人的协作，教师在这一过程中设计适宜的教学情景，激发学生学习的动机并使其学会自主学习，帮助学生构建所学新知识的意义。

（三）人本主义

人本主义是20世纪五六十年代兴起的一个重要学术流派。该流派不赞同行为主义者将人当作动物或者机器而忽视了人本身发展的观点，同时也不赞同认知主义重视认知结构而忽视人的价值、态度、情感等因素对学习所具有的影响。它认为在学习过程中，学习者具有主体地位，应强调学习者的潜能和学习过程。人本主义是从一个全新的角度来研究学习，它看重学习者的自我实现。根据人本主义的观点，语言教学不是教育的全部，因为学生都是活生生的人，他们是有自己的思想、情感和各种需求的。教育是帮助学生学会学习，赋予学习经验个体意义，促进学习者的成长。因此，教师不应当将学生简单地看作教育对象，而应将其视为学习的主体，是整个教学活动的平等参与者。

三、我国大学英语教学模式改革的方向

（一）改变教学理念

我国大学英语的教学已有很长历史，也陆续从其他国家引入了不少教学理论和方法，但因我国大学生人数多、英语教育资源不足等原因，很多教学理念和方法都没有很好地与我国高校实际相结合，且很多教学理念和方法都停留在口头上。如果从现代先进的教学理念出发，结合我国实际，就能更好地提高大学英语教学的成效。

1. 改变以教师为主体的教学思想

多年来，传统的英语教学模式均以教师为主体，导致耗费时间较多，效率较为低下。因为这样的教学方式忽略了学生在学习过程中的参与，忽

视了学生是学习主体的客观规律，使学生的能力发展与当前普遍认同的教育理念背道而驰，也背离了我国高校深化课堂教育改革的主题。因此在教学过程中，应当将学生作为整个学习的中心，努力培养其自主学习的能力。

2. 改变以传授语言基础为主的教学方式

英语词汇、语法等基础知识是一种积累，而听说读写译等应用能力则是在此基础上的提高。不具备一定的基础知识，语言的应用能力就是无本之木，但是具有基础知识并不代表具有应用能力。学习一门外语的目的就是在实践中加以应用。只有改变以传授语言基础为主的教学方式，在打好基础的同时重视语言的应用能力，才能适应社会对人才的需求。

3. 改变"授人以鱼"的教学现状

在传统的大学英语教学过程中，普遍存在"重知识、轻能力"的现状。包括语言在内的知识都在随着时代的进步不断更新，终身学习的理念已经得到国际教育界的普遍认同。只有改变英语教学中重知识的传授而轻视语言学习方法的状况，才有利于学生今后的不断学习、不断发展。学生只有学会了学习的方法，才能在无教师的情况下，自主学习，并进行自我的提高。

（二）创新课堂模式

传统的课堂模式因形式单一、班级人数较多等因素的制约，采取一刀切，很难尊重到学生的个体性和差异性，不利于不同学生个体的英语学习，因此应当对其进行创新。改进传统课堂模式的同时，应充分利用新型课堂模式。

1. 采用自主式教学

为了学生更好地学习英语，为其今后继续学习打下基础，应当帮助学生进行自主、自觉、独立的学习。要实现自主式教学，就应当改变目前将英语学习作为学生毕业硬性指标的现状。要实现自助式教学形式，可根据学生实际情况，采取分级教学，并根据学生的不同情况，在课堂设计时充分考虑不同层级学生的需求，避免一刀切，从而改善有的学生不够学，有的学生压力大的现状。

2. 充分利用网络教学

网络教学不仅可以充分利用文字、图像资源，还可以有机结合声音、动画等，极大地提高了英语学习的趣味性，激发了学生学习英语的兴趣，增强了学生学习的主动性。网络教学可以由网络即时交际、网络资源检索、网络学习评价、休闲娱乐等多种方式组成。在此类学习过程中，教师要加强对学生的引导、监督和反馈。

3. 革新传统教学

虽然传统的课堂教学存在一定的弊端，但其在长期发展过程中也积累了很多可取之处，不能仅仅因为创新而完全将其舍弃。而是在采用各种新型课堂形式的同时，革新传统教学，"取其精华，去其糟粕"，为学生学习英语创造和谐宽松的环境，不断提高教师教学技能，更新教学理念，多管齐下，提高大学英语教学成效。

（三）改革评价方式

长期以来，总结性评价模式将考试作为我国大学英语教学最重要的评价手段，这样的评价方式显得比较单一，不利于形成全面性、多样化的评价体系，也在一定程度上导致学生，甚至相当数量的教师重视考试结果而忽略语言能力的提高，更不利于大学英语教学模式的改革。《大学英语教学指南》就为改革提供了政策上的导向，它提倡大学英语教学评价从传统的终结性评价转变为形成性评价与综合性评价相结合、教师评价与学生评价相结合的模式。根据学习的本质，大学英语教学效果的评估更多的应是强调对学习过程的评价而不是对考试成绩的过分重视。以往的评价方式主要注重结果，而新的评价方式贯穿整个教学过程，可以在平时教学过程中不断进行评价。这样综合、即时的评价能使师生得到快速反馈，教师可以根据反馈及时调整和改进教学过程中的不足，学生也可以更快地了解自己学习过程中掌握语言能力的实际情况。新的评价方式还强调"考试应以评价学生的英语综合应用能力为主，不仅要对学生的读写译能力进行考核，而且要加强对学生听说能力的考核"。不仅仅是对学生的考核评价，还包括了对教师在"教学态度、教学手段、教学方法、教学内容、教学组织和教学效果"等方面的考核。学校应采用这样的评价体系，不像过去那样仅仅以期末考试，四、六级考试等考试成绩来评价本校的英语教学效果，而是更加注重提高教师的教学能力和学生的英语语言能力及个人的发展。

近年来，我国在大学英语教学方面有了显著的进步，尤其是在教学模式方面有了较大的发展，学生的英语水平也有了很大的提高。但世界各国往来更加频繁，相应的我国大学英语教学模式也必须不断改革发展，才能满足社会对人才提出的新要求。

第五章　多元文化教育背景下的大学英语教学模式

第一节　探究式学习

探究式学习（Enquiry Learning）由美国学者施瓦布（Joseph Schwab）在20世纪50年代提出的。探究式学习不是让学生漫无目的地自由学习，而是在教师指导下学生通过自主参与以探求答案，从而获得知识的一种新教学方法。

一、探究式学习的理论基础及主要特征

（一）探究式学习的理论基础

1. 心理学理论基础

探究式学习的开展基于著名心理学家皮亚杰（Piaget，1896—1980）、维果斯基（Lev Vygotsky，1896—1934）等人提出的建构主义理论，其内容主要包括以下几个方面。

（1）每个人受经验以及对经验的认识不同，对于世界的理解也是不同的。因此，学习是学生自主构建知识的过程。

（2）学习的过程同时也是新旧信息的重新建构过程：一方面，是对原有经验和认知的改造和重组；另一方面，是对新信息意义的建构。建构主义强调学习者在学习过程中形成对概念的理解应建立在自身经验的基础之上，只有这样，才能在面临新的情境时，原有的经验和认知会因为新的信息进入而出现调整和变化，并以此为基础，形成新的建构。

（3）语言文字赋予知识外在形式，但学生对知识的理解不是建立在语言文字之上，而是建立于自身的经验之上。

（4）对同一事物的认识，不同的人有不同的建构。这就需要在教学过程中，学生之间加强合作，在吸收他人不同观点的基础之上，使自己对事物的认知更加丰富。

（5）教师应当引导学生以原有的经验、知识为基础，形成新的认知。建构主义认为：教学不只是知识的传递，而是知识的传递与转换。

（6）教师在教学中应起到主导作用。教师由知识的传授者、灌输者转变为学生主动建构意义的帮助者、促进者。强调学习过程中学习者的主动性；教师的辅导性。

2.教育学理论基础

探究式学习的教育学理论基础来自美国实用主义教育家杜威（Dewey，1859—1952）。他针对传统教育的缺陷，提出了"经验中心""儿童中心""活动中心"的新"三中心论"。

在批判传统教育的过程中，杜威形成了"儿童中心主义"。传统教育体系中，"学校的重心在儿童之外，在教师，在教科书以及你所高兴的任何地方，唯独不在儿童自己即时的本能和活动之中"，在传统教学中，儿童只能受到"训练""指导和控制"以及"残暴的专制压制"。如何去除这种弊病？杜威认为要实现教育重心的转移，从教师、教科书那里转移到儿童的身上。在《民主主义与教育》中，杜威提出了教育过程的5个步骤，教学法的要素和思维的要素是相同的。这些要素就是：第一，学生要有一个真实经验的情境；第二，在这个情境内部产生一个真实的问题，作为思维的刺激物；

第三，他要占有知识资料，从事必要的观察，做出解决疑难的假定；第四，他必须一步一步地展开他所想出的解决问题的方法；第五，他要有机会通过运用来检验他的想法，使这些想法意义明确，并且让他自己去发现它们是否有效。总之，杜威所主张的以探究为基础的认识论批判了传统的"二元论"，突出了探究主体在认识活动中的重要性，为现代教育重新认识知识的作用和学生个体的活动提供了思想基础。

（二）探究式学习的主要特征

探究式学习主要有发展性、真实性、主体性、问题性四个特征。

1. **发展性**

探究式学习具有发展性特征，主要有两个原因：其一，探究式学习的评价采取类似于纵向评价的方式，鼓励学生不断超越之前的自我而获得新的发展。学生通过不断进步而拥有越来越多的自信，也就能迎来新的成功，进而提高了内在驱动力。其二，探究式学习是在活动的模式下进行的，而活动的这种开放性让学生可以充分发挥自由的权利，表现学习的主体性，从而促进个体发展。

2. **真实性**

英语学习具有真实性特点，因为英语学科的内容大都来自日常生活，与学生的真实生活较为贴近。探究式学习的真实性不仅体现在内容上，还体现在过程上。在探究式学习中，学生将自己的知识、情绪、态度和兴趣等真实地表现出来，对学习中出现的真实问题进行信息加工。

3. **主体性**

探究式学习主张学生不断挖掘自己的内在潜能，只要智力正常，都可以通过学习提高自己的创新能力。探究式学习常常是多人参加的过程，这既是探究式学习本身所要求的，也是为了适应学习型社会。它注重个体体验，将知识的学习看成是认识、情感和人格的综合结果。学生在这种学习活动中都能获得一种主人翁的感受，学生不是被动地接受教师传递的知识，而是自己控制探究式学习的进度。学生也不把教师分配的任务看作一种外来压力,而是看成自己学习的契机。它鼓励学生充分发挥自己的主观能动性、积极参与探究活动,进行多方面的学习交流,从而创造一种开放、民主的学习氛围。

4. 问题性

探究式学习就是一种发现问题、提出问题进而解决问题的过程,这也是一条通往创新能力提升的道路。人类的进步和社会的发展正是从问题开始的。问题和学习是相辅相成的关系,问题越多,产生的学习活动就越多;产生的学习活动一旦多起来,问题也会自然而然多起来。这也就是知识越多,越能发现问题的原因。问题是学习的线索,由问题入手,才会激发学生的好奇心,才会有深刻而全面的思考。

二、多元文化教育与探究式学习实施的意义

大学英语学习者常常来自不同地区、不同家庭,他们有着多样性的特征。在大学英语课堂教学中,教师应引导学习者进行不同议题的探究,让学习者学习更多不同的文化知识与观点,实现多元文化教育知识建构的理念。多元文化教育与探究式学习实施的意义具体表现如下。

(一)面对并欢迎各种差异

教学课程应当面对、包容,甚至欢迎各种差异。在课堂中教师可与学习者分享其不同的文化经验及对事件的看法,促使学习者也能分享自己的文化和观点。课堂应是一个民主的场所,各种不同的观点都应被重视,并使学习者获得技能和态度,检测各种知识的正当性及适切性,以便适应复杂的社会。

(二)每位学习者拥有发言权

能够促进学习者发展的课堂应赋予每一位学生发言权,课堂是一个合理的沟通情境,每一个人都有权为自己的社会文化知识与历史发声,发言的权力是平等的,不因成绩高低、文化、阶级、性别而有不同。教师应引

导学生尊重每个人的发言权，鼓励同学间进行对话。除了针对学习内容进行对话，还能自由地说出自己的想法，进而对其他同学发言的内容，进行深入的思考，了解其想法，吸取别人的优点。

（三）提供心理安全的学习环境

在语言课堂中，有些学习者由于学习经历、社会地位及经济状况在学习过程及课堂中缺乏心理安全感。探究式教学积极鼓励学习者发言，并期望他们能很自在地进行学习，因此，教师应该营造一个安全的教室气氛，学习者不会因为自己和他人不同而招致异样的眼光，不会因上课发音及发言内容的问题被同学取笑。每一位学生都应被尊重，包括他的家庭、文化、思想等，每一位学生除了展现自身的文化，也应尽可能去理解他人的文化，进而彼此尊重、包容。

三、大学英语教学中探究式学习的实施

（一）大学英语教学中探究式学习的实施原则

1. 组织形式原则

探究式学习一般采取个人独立探究、小组合作学习和班级讨论相结合的组织形式。个人独立探究需要学生个体具备一定的理论知识和判断分析能力，因此这种组织形式适宜在高年级使用。在小组合作学习中，小组成员利用课后对收集的信息进行汇总、分析，找出难点和解题思路。集体讨论在实践中使用的较多，教师事先要根据教材内容提出问题，由学生课后搜集相关信息并归纳整理，然后在班上集体讨论，这种组织形式适宜在课堂上使用。

2. 因材施教原则

教师在引导学生探究学习时要细致入微地观察、了解学生，考虑到年龄、家庭背景、生活经历等因素，因材施教，实施匹配策略。如对具有学习主动性的学生可以采用有意识策略，使其主动掌握某些学习方法，较快

提高英语水平。对英语学习存在困难的学生则宜采用针对性较强的个别指导策略，帮助他们树立学习英语的信心。

3. 课程性原则

大学英语课程涵盖了口语、听力、阅读、写作等课程，教师应针对不同课程的特点采用相应的教学原则。口语教学以训练学生的交际策略和补偿策略（借助补白词、体态语等）为主，提倡听说结合，尽可能给学生提供使用语言的机会，如背诵、复述、描述图片、演讲、就某一主题陈述观点等；听力课的目的在于培养学生听力理解的能力，将认知策略和元认知策略交叉训练可以提高其教学效果；阅读课要训练学生略读、寻读、预测、猜测生词意思、识别指代关系的策略，以及预测文章内容、辨别内容要点和重要细节、分析推论文学内容以及评价阅读内容等阅读技巧。写作课侧重训练学生背诵、造句、构思、语篇衔接等写作策略，开展句子重组、故事重组、平行写作、框架写作等课堂写作活动。

4. 阶段性原则

在探究式英语教学中，策略意识贯穿着教学过程的始终，因此在不同的阶段要运用不同的策略原则。

（1）进入情境阶段

探究式教学的核心是"问题"，通过问题的发现和探究来激发学生的求知欲和创造意识。教师要创设问题情境，如讲座、提供资料、介绍国内外的研究成果（特别是最新研究动态），以做好背景知识的铺垫，激发学生的好奇心，诱发其研究探索的主动性。现行教材包含了相当丰富的文化主题，教师可从其中挖掘出各种各样的话题供学生进行探讨，以建立起一种以学生为中心，以话题讨论为基础的课堂模式。

（2）实践体验阶段

在学生了解了所提问题的背景知识和相关信息后，教师要提出研究课题，布置研究任务，并引导学生对问题进行探究。首先，为学生提供探究的机会，使学生既有个体独立探究的空间，又有小组内交流、相互切磋的机会，以使学生获得亲自参与探究的体验，逐步形成参与研究、努力求知的心理倾向。其次，指导学生学会利用社会调查、网络资源等去收集资料，通过筛选、探究，获得所需信息，以此拓展学习空间，培养其自主学习和自主解决问题的能力。再次，通过情境体验策略、习得与操练策略或成果交流策略等，引导学生独立思考，对关键词语和疑难句型在新的情境中加以操练，以巩固基础知识；通过组织讨论，锻炼学生在规定时间内有组织、有条理地陈述个人观点，交流成果。

（3）评价检验阶段

探究教学的结果是多角度的，其评价也应该是多元化的。教师应把定性描述与定量计分相结合，将形成性评价有效融入探究教学的全过程，多给予学生正面、肯定的评价，让学生在自我反思中总结经验，提高学习效率。

（二）大学英语教学中探究式学习的实施步骤

探究式学习的步骤主要是明确任务→分配工作→教师指导→汇报结果→科学评价。

1. 明确任务

在学习之前，为了使学生完全理解要求，英语教师应当明白清楚地告诉学生学习重点、学习目标。

2. 分配工作

明确任务以后，教师就可以分配工作了。首先，教师要将全体学生分为若干小组，然后，分别指定小组长、记录员、汇报员。

3. 教师指导

开展探究学习，教师必须全程进行指导，在整个活动中起到导航、指路的作用，同时也应该给学生清楚描述学习的整个过程。需要特别留意的是，学生始终是学习的主体；在整个学习过程中，教师不能代替学生去做，而应该处于从属地位，在每个阶段都要给予学生建设性的意见，辅助、指导他们顺利地完成学习。

4. 汇报结果

探究学习快要结束时，学生必须反思整个学习过程，总结不足之处和做得好的地方，然后还要和全班同学分享学习成果。可以通过抽签的形式决定汇报的顺序。汇报结果有两个好处，一是锻炼学生的语言表达能力，二是其他学生极有可能从汇报中注意到易犯的错误并学到一些成功经验。

5. 科学评价

进行探究学习，英语教师应该掌握可靠的、科学的评价体系。学习评价是有关教师的教学质量以及学生学习成果等的信息。在探究学习中，根据评价结果，学生可以不断调整学习过程，达到理想的学习效果。英语教师应当根据学习目的确定评价标准，灵活选择评价主体、评价方式和评价手段。为了帮助学生更全面、更真实地认识探究学习，不断改变学习方法、改进学习态度等，英语教师应当结合学生互评、自我评价、定量评价、定性评价等，适当表扬做得好的学生，给予各种正面的强化措施。

（1）评价主体

有多元的评价主体，评价才能取得良好的效果。可以是自我评价，也可以是师生之间、生生之间相互评价，当然，还可以邀请社区人士和家长进行评价。需要注意的是，评价结果要有秘密性，以维护大学生较强的自尊心和自我意识。

（2）评价方法

评价方法很多，如测验法、问卷法、观察法、访谈法等。测验法主要涉及题目的选择，要选择生活化、难度适中的题目；使用问卷法时，可不设置唯一答案而采取开放性答案；使用观察法时，必须做好观察记录，尤其是重要细节不能遗漏；使用访谈法时，就要事先准备访谈提纲并且让每组学生回答的问题相同。

（3）评价方式

最完善的评价方式应该是将质性评价和形成性评价相结合。相对于量化评价（以简单的数字为呈现形式），一般表现为文字性描述的质性评价，更能传达出优劣信息。探究学习时进行形成性评价（也叫过程性评价），能够在学习过程中及时发现问题，从而进行适当的改进、调整。

（4）评价目的

评价目的是将评价作为学习的一种鞭策手段，不应该是根据成绩好坏将学生分类、分等级。不能使学生因评价结果不好而出现长时间的情绪低落。

三、大学英语探究式学习的评价原则

（一）鼓励性原则

由美国著名心理学家罗森塔尔和雅格布森在小学教学上予以验证提出的皮格马利翁效应（Pygmalion Effect）的意思是指，"说你行，你就行，不行也行；说你不行，你就不行，行也不行。"它告诉我们，鼓励在生活中会产生巨大的作用。尽管学生在探究性学习的过程中暴露出许多问题，但教师的评价也应以激励为主，对于出现的问题及时指出并帮助学生共同解决，以肯定的方式激励学生的学习兴趣。

（二）过程性原则

探究式学习的重点在过程，当然我们需要看到最终的结果，但是一旦结果出现偏差，师生心理可能也会随之产生偏差，对探究性学习的实践效果产生怀疑，这时最好的办法是寻找实践过程中的问题，师生共同讨论问题的妥善解决办法，促进问题的有效解决。

（三）独创性原则

语言不是一成不变的，由于每个学生的文化背景、知识构成等方面都存在着巨大的差距，加上英语本身表达的丰富性，我们应该尊重学生的思维的独创性，不可盲目追求千篇一律。

第二节 合作学习

合作学习（Cooperative Learning）是 20 世纪 70 年代初由美国著名教育家 David Koonts 首先使用的，并在 70 年代中期至 80 年代中期取得实质性进展的一种教学理论与教学策略。具体来说，合作学习是一种结构化的、系统的学习策略，由 2~6 名能力各异的学生组成一个小组，以合作和互助的方式从事学习活动，共同完成小组学习目标，在提高每个人的学习水平的前提下，提高整体成绩，获取小组奖励。

一、合作学习的理论基础及主要特征

（一）合作学习的理论基础

合作学习的理论基础主要是选择理论、动机理论、教学工学理论、社会互赖理论、凝聚力理论。

1. 选择理论

选择理论（choice theory）原称控制理论（control theory）。1996 年哥拉斯（Glasser）将自己 1979 年就倡导的控制理论改称为选择理论。哥拉斯指出："我过去把选择理论称为'控制理论'，是因为它告诉我们，人的行为只有我们自己才能控制。我发现'选择理论'是一个更好、更积极和更完美的名称。"由此看出，选择理论与控制理论是同一种理论。

哥拉斯指出："控制论是建立在这样的事实基础上的，即我们是被内在动力所推动的，是被我们的各种需要所驱使的。我们一出生，就必须去奋斗。我们为生存，为获得一些爱、一些力、一些乐趣和自由，我们只有靠争取，别无选择。这些需要，我们经常能满足到什么程度，也就是我们控制自己生活的效力能达到什么程度。"哥拉斯认为："我们都被潜伏于基因中的四种心理需要所驱动，它们是：归属的需要、力量的需要、自由的需要和快乐的需要。与我们必须靠食物和住所才能生存一样，我们也不能忽视这些需要。满足其中的一种或几种需要都会使人感到愉快。实际上，快乐的目的就是告诉我们一种需要得到了满足。痛苦则告诉我们目前我们的所作所为无法满足我们非常想满足的那种需要。我们之所以苦恼，原因就是我们无法找到怎样才能满足这些需要，如果这种失败的痛苦持续不断，几乎可以肯定地说，约翰（实际上是指学生）两年内就会离开学校。"他还指出，虽然今天的学校教育过于压抑，不够愉快，但这不是问题的焦点。学生需要懂得在一个群体情境中不可能让他们为所欲为，需要遵循一定的规则和纪律。另一方面，如果有了归属感和影响力，愉快也是自然而然的事。所以问题就集中到了归属的需要和影响力的需要。

总之，选择理论是一种需要满足理论。它认为，学校是满足学生需要的重要场所。学生到学校来学习和生活，主要的需要就是自尊和归属等。按照选择理论，不爱学习的学生，绝大多数不是"脑子笨"（硬件问题），而是他"不愿学习"（软件问题）。只有创造条件，满足学生对归属感和自尊感的需要，他们才会感到学习是有意义的，才会愿意学习，才有可能取得学业成功。许多学生正是因为在课堂上得不到认可、接纳和表现出对别人的影响力，才转向课外活动、校外小团体等寻求满足自己需要的机会。可以说，"只有愿意学，才能学得好"是选择理论最为通俗的一种表述。

2. 动机理论

动机理论（motivational theory）主要研究学生活动的奖励或目标结构。道奇曾界定了三种目标结构：合作性结构、竞争性结构和个体性结构。从动机主义者的观点来看，"合作性目标结构（与竞争性相反）创设了一种只有通过小组成功，小组成员才能达到个人目标的情境。因此，要达到他们个人的目标，小组成员必须帮助他们的成员做任何有助于小组成功的事，而且，或许更为重要的就是要鼓励同伴们去尽最大的努力。"

动机主义者在批评传统课堂组织形式时指出，课堂中的竞争性评分和非正式奖励制度导致了学业努力相对立的同伴规范形成。由于一个学生的成功会削弱其他学生成功的可能性,学生们就可能形成这样一种规范,即谁得高分就是为了"出风头",或者是想成为老师的"宠儿"。"竞争性的计分标准造成一种同伴常模,这种常模不利于调动学生努力学习的动机。"另外,这种阻碍和限制工作的规范在社会上也是人人皆知的。如工作中的"快手"就会受到其工作同伴的讽刺和排斥。然而,当学生们为了一个共同的目标而一起活动时,在合作性奖励结构下,他们学习的努力有助于同学的成功。学生们在学习上会因此而相互鼓励,强化彼此在学业上的努力,并且能形成有利于学业成绩的规范。

约翰逊等人认为,学习动机是借助于人际交往过程产生的,其本质体现了一种人际相互作用建立起的积极的彼此依赖关系。激发动机的最有效手段就是在课堂教学中建立起一种"利益共同体"的关系。这种共同体可以通过共同的学习目标、学习任务分工、学习资源共享、角色分配与扮演、团体奖励和认可来建立。小组成员之间形成"休戚相关""荣辱与共""人人为我,我为人人"的关系是动机激发的一个重要标志。

3. 教学工学理论

教学工学(classroom instructional technology)理论认为,影响课堂学习质量及社会心理气氛的因素主要有三个:任务结构(task structure)、奖励结构(reward structure)和权威结构(authority structure)。斯莱文博士认为:"课堂教学工艺学可以描述为三个要素:任务结构、奖励结构和权威结构的统一体。"

具体言之,任务结构包括:教学方式方法,如讲解、提问、课堂讨论、作业练习、实验操作等;教学组织形式,如全班教学、分组教学或个人自学。在分组教学中,又有同质分组和异质分组之别。合作学习在任务结构方面利用小组合作,异质性小组团体,采用各种不同方式的学习活动来进行学习。

奖励结构一方面是指运用何种方式来强化学习行为的结果,它涉及:

奖励类型,如分数、表扬或物质性鼓励;奖励频次,如奖励间隔时间的长短、奖励数量的多少等;奖励的可接受性,如直接奖励或间接奖励;奖励的对象,如面向全班、小组或个人。另一方面,奖励结构是指人际奖励的互赖性。合作学习是合作的奖励结构,因为一个学生的成功同时可以帮助别人成功,合作学习利用这一正性(positive)的互赖关系来激发和维持学习活动。

权威结构主要是指在课堂这一社会系统中,教师或学生控制教学活动的程度。任何社会都必须有社会控制,这样才能维持社会秩序并满足社会需要,课堂这一社会系统也是如此。在课堂中,控制可能由教师个人、学校行政人员及其他成人——学生自己、同伴团体、班长等来承担。在传统的教学体系中,通常是由教师个人以奖惩和分数来控制学生的学习及各种行为表现的。学生的努力和用功只是为了避免教师的处罚并为自己赢得某种利益,这是无法满足开放型社会要求的,也无法使学生真正地张扬个性,获得最佳发展。合作学习则不同,它要求学生利用自己的内在动机及同伴的激励来控制自己的行为,去努力进行学习,最大限度地获得学习上的成功。

从表面上看,合作学习似乎只是改变了课堂内的社会群体结构,但在实际上,课堂上的任务结构、奖励结构和权威结构也都发生了很大的变化,这是值得注意的。在以上三种课堂结构中,合作学习首先将任务结构中的教学方式方法从传统意义上师生之间的单向交流或双向交流,拓展为各教学动态因素之间的多向交流。其次,合作学习还将分组教学作为教学的基本组织形式确定下来,分组的观念一改以往能力分组中所强调的同质性,而是主张将小组成员按学业成绩、能力水平、个性特征、性别比例、家庭社会背景等因素进行合理搭配,形成一个微型的合作性异质学习团体。在奖励结构中,合作学习把以往表面上面向全体学生,实际上却鼓励人际竞争的奖励形式改变为面向小组全体成员的合作性奖励。在权威结构中,合作学习强调的是以学生自我控制活动为主,教师指导协助为辅,用约翰逊的话来讲，就是"从旁指导"（a guide on the side）。

4. 社会互赖理论

关于社会互赖理论（social interdependence theory）的研究可以追溯到20世纪初。格式塔学派的创始人考夫卡曾经指出：群体是成员之间的互赖性可以变化的动力整体。考夫卡的同事勒温对上述观点进行了阐发：第一，群体的本质就是使群体成为一个"动力整体"的成员之间的互赖（这种互赖通常由共同目标而创设），在这个动力整体中，任何成员状态的变化都会引起其他成员状态的变化。第二，成员之间紧张的内在状态能激励群体达成共同的预期目的。

勒温的弟子道奇在20世纪40年代末提出了合作与竞争的理论，这对合作学习的发展产生了直接的影响。道奇认为，在合作性的社会情境下，群体内的个体目标表现为"促进性的相互依赖"，也就是说，个体目标与他人目标紧密相关，而且一方目标的实现有助于另一方目标的实现。而在竞争性的社会情境下，群体内个体目标则体现为"排斥性相互依赖"，虽然个体目标之间联系紧密，但一方目标的实现却阻碍着另一方目标的实现，是一种消极的相互关系。

道奇的学生戴卫·约翰逊，同他的兄弟荣·约翰逊一道，将道奇的理论拓展为"社会互赖理论"。社会互赖理论假定：社会互赖的结构方式决定着个体的互动方式，依次也决定着活动结构。积极互赖（合作）产生积极互动，个体之间相互鼓励和促进彼此的学习。消极互赖（竞争）通常产生反向互动，个体之间相互妨碍彼此取得成绩的努力。在没有互赖（个人努力）存在的情境下，会出现无互动现象，即个体之间没有相互影响，彼此独立作业。这就是约翰逊兄弟所提出的社会互赖理论的要义。据此，约翰逊兄弟明确地指出课堂中存在着合作、竞争与个人单干三种目标结构，并由此构成三种不同的教学情境。在合作的目标结构下，个人目标与群体目标是一致的，个人目标的实现取决于群体其他成员目标的实现，个人目标的实现与群体的合作相联系；在竞争的目标结构下，个人目标的实现与群体目标的实现是负相关,若某一成员实现了自己的目标,其他成员就不能实现自己的目标;在个人单干的目标结构下,个人的利益与他人没有关系,个人目标的实现不影响他人目标的实现。

从社会互赖理论的角度来看,合作学习的理论核心可以用很简单的语言来表述:"当所有的人聚集在一起为了一个共同的目标而工作时,靠的是相互团结的力量。相互依靠为个人提供了动力,使他们互勉,愿意做任何促进小组成功的事;互助,力使小组成功;互爱,因为人都喜欢别人帮助自己达到目的,而合作最能增加组员之间的接触。"

5. 凝聚力理论

与动机理论有些联系的另一种观点认为,合作学习对于学习成绩的影响在很大程度上是以社会凝聚力(social cohesiveness)为媒介的。实质上,学生们在学习上互相帮助是因为他们相互关心并希望彼此都获得成功。这种观点与动机观的相近之处就是它强调从动机而不是从认知上解释合作学习的教学效果。

动机理论家们认为,学生们帮助小组同伴是出于他们自身的利益要求。相反,社会凝聚力理论家们则认为,学生们帮助小组同伴学习是由于他们关心集体。社会凝聚力观点的一个重要标志就是突出合作学习小组的组建活动,以及小组活动过程之中和之后的小组自我评价活动。社会凝聚力理论家倾向于不接受动机理论家视为根本的小组奖励和个体责任。他们认为,"如果学习任务是充满挑战性和趣味的,如果学生具备充分的小组过程技能,那么学生们就会于集体工作过程本身体验到高度的奖赏性——永远不要对小组成果中的个人贡献进行评分或评价。"沙伦与阿朗逊等人的研究就主要是以社会凝聚力理论为依据的。在他们创设的合作教学方式中,学生都承担着一定的角色。在阿朗逊的"切块拼接法"中,将4或5个课题分配给小组成员,学生们分别学习一个课题的材料。他们在"专家组"中与其他小组学习同一课题的学生开会交流信息,然后再回到各自的小组中去轮流讲解所学的课题;在沙伦的"小组调查法"中,各小组承担全班学习的某一单元内的各个课题,然后在小组内再进一步将课题分解为各项子课题。学生们共同探讨某一课题,最后将他们的研究成果向全班介绍。

"切块拼接法"和"小组调查法"都要求将学习任务专门化(task specialization),这样做的目的就是要在小组中创造一种相互依赖性。在约翰逊兄弟的方法中,这种相互依存性是通过让学生们担任"检查员""记录员""观察员"等不同角色来实现的。约翰逊兄弟的研究似乎对动机主义和社会凝聚力的观点都持赞成态度。

凝聚力理论家们认为,小组建设、小组评议及任务的专门化,不但可以使小组的成员协调工作,而且还使全班作为一个整体发挥整体功能。每个人不管其能力大小,都能给小组任务及全班任务的完成做出独特的贡献。

(二)合作学习的主要特征

合作学习的主要特征表现为:以异质小组为基本形式,以小组明确的目标达成为标准,以小组成员相互依赖的合作性活动为主体,以小组总体成绩作为评价和奖励的依据。

1. 以异质小组为基本形式

从合作学习的组织形式来看,它打破了传统教学中教师始终面向班级全体授课的形式。全班的学生被分成若干个小组(这种组与传统意义上的一排或一列为一组有本质的不同),在整个学习过程中,都以小组活动作为主体。通过学生在组内的充分交流与合作,自主探究,最终完成教师布置的学习任务。

2. 以小组明确的目标达成为标准

在传统的教学中,教师只关注自己所教的知识能否被学生所掌握,目标可以说非常单一。合作学习至少有两个目标体系:学术性目标及合作技能目标。首先,教师要明确本部分的内容通过学生的合作学习可能会掌握得更好,至少能更好地达成教学目标。其次,在合作学习中,学生很明确自己小组的目标是什么,以及具体到自己又是什么。最后,教师还应清楚,通过这些知识的学习,可以发展学生的哪些合作或社交技能。

3.以小组成员相互依赖的合作性活动为主体

合作学习是一个创设的学习环境，它强调通过调动学习共同体各因素间的合作性互动来推进学生的学习。这种互动不单是指师生之间单向或双向的交流互动，而且也是指教师与教师、教师与学生、学生与学生之间展开的多向互动，要在教师与学生彼此影响的基础上挖掘同伴之间的影响力，利用每个学生不同的知识背景及多元的个性，让他们在不断的交流与合作中建构知识。

4.以小组总体成绩作为评价和奖励的依据

合作学习把"不求人人成功，但求人人进步"作为追求的一种境界，同时也将其作为教学评价的最终目标和尺度，把个人之间的竞争变成小组之间的竞争，把个人记分改为小组记分，把小组总体成绩作为奖励或认可的依据，形成组内合作、组间竞争的新格局，使得整个评价的中心由鼓励个人竞争达标转向大家合作达标。

上述特征中，"以小组成员相互依赖的合作性活动为主体"是合作学习区别于传统班级教学最本质的特征。而创设"组间同质，组内异质"的小组形式则改变了传统班级教学结构。

（三）合作学习的意义

1.有利于学习者维持健康的心理

合作学习能够维持人们健康的心理，从而提升幸福感、增强人体免疫力。良好有效的合作学习不仅可以使成员形成较高的自尊心，还可以提高成员对所处情景和其他成员情绪的观察力与敏感度。自尊心、观察力和合作精神在相互联系的社会网络中，一直都是人们维持自身心理健康的重要因素。

2.有利于学习者形成积极的人际关系

人际关系与学习效果之间的关系是相辅相成的，存在效果良好的合作学习，就必然存在正面的、积极的人际关系；反过来，积极的、正面的人际关系也必然会使学习效果正当、良好。为了获得理想的学习效果，小组成员必须努力做到以下几点：为使成员在未来做得更好，相互评价时，应积极反馈；为拉近彼此关系，有分歧时，各成员要能接受质疑，平等地、和气地沟通、讨论；被鼓励、被尊重能增强学习欲望，所以成员之间要相互激励；要降低心理防御，增强信任感，以便高效合作。

3. 有利于学习者发展批判性思维

批判性思维的主要特点是分析性与开放性，合作学习中的讨论、互动等形式鼓励学生开放性地表达不同思路、不同观点，以便成员一起分析思考。有大量数据表明，相对于学习内容，正确的学习方法尤其是合作学习的小组讨论更能促进学习者发展批判性思维。

4. 有利于培养学生的责任感和集体荣誉感

在合作学习中，由于强调小组中的每个成员都积极地参与到学习活动中来，学习任务由大家共同分担，尽管学生们的能力、性别以及任务的性质等方面存在着差异，但是通过参与合作学习，学生们都有了更多的责任感和荣誉感，相互之间也更加关心，问题就变得比较容易解决。而且大家在互相学习中能够不断地学习别人的优点，反省自己的缺点，就有助于进一步扬长避短，发挥自己的潜能，使大家在共同完成学习、工作任务中不断提高学习能力与工作效率。

二、合作学习的基本理念和多元文化教育

（一）合作学习的基本理念

合作互动学习与传统教学相比，有着许多质的不同。综合观之，合作学习的基本理念主要有以下几方面。

1. 互动观

在合作学习的诸多理念中，最令人瞩目的当属其互动观。由于合作学习视教学动态因素之间的互动为促进学生学习的主要途径，因而这种互动观无论在内容上还是在形式上都与传统的教学观有所不同，它不再局限于

师生之间的互动，而是将教学互动推延至教师与教师、学生与学生之间的互动。国内外大量实证研究证明，合作学习的互动观是一种先进科学的互动观，是对现代教学互动理论的发展。合作学习的互动观主要突出了以下几个方面。

（1）教学活动是一种复合活动

合作学习的互动观建立在对现有教学互动观的反思基础上，是对现代教学互动观的一种发展。合作学习论认为，教学过程是一个信息互动的过程，是师生之间、生生之间相互作用的过程。合作学习认为，教学是一种人际交往，是一种信息互动。从目前世界各国的合作学习实践来看，合作学习还是把互动的中心更多地聚焦在了生生之间关系的拓展上，这是当前教学实践中常常被人们忽视的一个重要领域。

受传统教育的影响，我们往往把教师与学生之间的关系视为教学中唯一重要的关系，认为学生之所以能掌握知识，发展智力，主要取决于与教师的互动。国内目前不少学者把教学仅理解为"师生双边活动的过程"实际上就是上述思想的折射。合作学习认为，把教学这一复杂的现象仅仅当作教师与学生之间的双边互动的过程来认识，实在是过于简单化了。实际上，教学不仅仅是教师与学生之间的双边互动的过程，它还涉及诸如单向型互动、多向型互动、成员型互动等多种互动过程，是多种互动过程的有机统一性，是一种复合活动。

（2）突出生生互动的潜在意义

合作学习之所以能在世界范围内取得成功，很大程度取决于它对生生互动的创造性运用。在传统教学中，学生与学生之间的相互作用通常被认为是无关紧要的或是消极的因素。合作学习的代表人物约翰逊（Johnson）曾对此发表过精辟的论述，他指出："由于教育工作者认为，学生之间的相互作用是没有什么好处的，所以没有人主张对这种关系加以建设性的利用，也就不去系统地训练学生们相互交往所必备的基本社会技能。毫无疑问，成人-儿童双边活动的教和学的观点，低估了课堂上学生-学生相互作用和关系的重要作用。"

约翰逊说:"实际上，教师的一切课堂行为，都是发生在学生-同伴群体关系的环境之中的。在课堂上，学生之间的关系对学生学习的成绩、社会化和发展产生的影响比任何其他因素都更强有力。但课堂上同伴相互作用的重要性往往被忽视。学生之间的关系是儿童健康的认知发展和社会化所必须具备的条件。事实上，与同伴的社会相互作用是儿童身心发展和社会化赖以实现的基本关系"。

（3）强调师师互动的前导地位

传统教学虽然也时有教师集体备课的活动或形式，但并没有将之纳入教学的流程之中。合作学习则不同，它将师师互动作为教学的前导性因素纳入教学系统，扩大了教学系统的外延，并将之视为教学过程不可或缺的一个环节，这是一种创新。合作学习认为，与学生一样，教师之间在知识结构、智慧水平、思维方式、认知风格等方面也存有重大差异，即使是教授同一课题的教师，在教学内容处理、教学方法选择、教学整体设计等方面的差异也是明显的。这种差异就是一种宝贵的教学资源。通过教师与教师之间就所教授内容的互动，教师之间可以相互启发、相互补充，实现思维、智慧的碰撞，从而产生新的想法，使原有的观念更加科学和完善，有利于达成教学的目标。

2. 目标观

合作学习是一种目标导向活动。合作学习强调动态因素之间的合作性互动，并借此提高学生的学业成绩，培养学生良好的非认知品质，因而这种教学理论较之传统的教学理论更具情感色彩。当然，合作学习在突出达成情感领域的教学目标的同时，也非常重视其他各类教学目标的达成。正如合作学习的研究者们所讲的那样："在教学目标上，注重突出教学的情意功能，追求教学在认知、情感和技能目标上的均衡达成。"

合作学习认为，学习是满足个体内部需要的过程。对于教学来讲，合作学习的假定是:"只有愿意学，才能学得好。"只有满足学生对归属感和影响力的需要，他们才会感到学习是有意义的，才会愿意学，才会学得好。基于这种认识，合作学习将教学建立在满足学生心理需要的基础之上，使教学活动带有浓厚的情意色彩。从合作学习的整个过程看，其情意色彩渗透于教学过程的各个环节之中。

尤其是在小组合作活动中，小组成员之间可以互相交流，彼此争论，互教互学，共同提高，既充满温情和友爱，又像课外活动那样充满互助与竞赛。同学之间通过提供帮助而满足了自己影响别人的需要，同时，又通过互相关心而满足了归属的需要。在小组中，每个人都有大量的机会发表自己的观点与看法，倾听他人的意见，使学生有机会形成良好的人际技能，当学生们在一起合作融洽、工作出色时，他们学到的就会更多，学得也就更加愉快，由此可以实现认知、情感与技能教学目标的均衡达成。

合作学习在注重达成上述三类目标的同时，还十分注意人际交往的技能目标，并将之作为一种重要的教学目标予以遵循和追求。当代教学设计专家罗米索斯基在20世纪80年代初即提出："人际交互技能"同"认知技能""心理动作技能""反应技能（态度）"一样，必须在学校教学中占有重要的地位。这类目标涉及培养与他人有效的交往、处理人事关系的能力等，包括咨询、管理、讨论、合作、销售等方面的技能。

有研究认为，合作学习的目标体系可分成两个部分：学术性目标及合作技能目标。在以往的教学过程中，教师通常十分重视学术性目标，而往往忽略学生合作交往技能的训练与培养。而在合作学习课堂中，对学生进行合作技能的教授与训练是一个很重要的组成部分。否则学生会因为缺乏必要的合作技能而无法进行合作，从而直接影响合作学习的顺利进行甚至严重削弱教学效果，至于培养学生的合作品质，则更无从谈起。

3. 师生观

合作学习提倡教师当好"导演"，学生当好"演员"，而不再像传统教学所强调的那样，教师为了保持所谓的权威，教师既"导"且"演"，结果是"导"不明，"演"不精，事倍功半，苦不堪言；与此相应，学生在传统教学情境中只能跑跑龙套，敲敲边鼓，充当着配角或背景，甚至是旁观者的角色。在这种教学情境中，学生的主体地位难以真正得到体现，超负荷、重复性、低水平的练习与作业使学生对学习逐渐失去兴趣，疲于应付，难以达成在身心方面的和谐发展。

合作学习从学生主体的认识特点出发，巧妙地运用了生生之间的互动，把"导"与"演"进行了分离与分工，把大量的课堂时间留给了学生，使他们有机会相互切磋，共同提高。由此以来，在传统课堂上许多原先由教师完成的工作现在就可以由学生小组来完成，教师真正成了学生学习过程的促进者，而不再作为与学生并存的主体而使二者对立起来。教师也会由此减轻自身的工作负荷，可以有时间研究教学问题，科学设计教学方案，进行教学改革，确保"导"的质量。

在合作学习中，教师要充当"管理者""促进者""咨询者""顾问"和"参与者"等多种角色，旨在促进整个教学过程的发展，使学生与新知识之间的矛盾得到解决。教师不再把自己视为工作者，而是合作者。因为如果教师把自己看作是工作者的话，那么他就不会把学生看作是人，而是工作的对象，予以机械刺激。在合作学习中，教师与学生之间原有的"权威—服从"关系逐渐变成了"指导—参与"的关系。

(二) 合作学习与多元文化教育

多元文化教育强调社会学习。在与不同文化的比较中学习其优秀的有利于自身的东西，这种学习也是相互的。维果茨基也强调学习的社会性，他认为儿童的学习就是通过与成人及比自己有能力的人相互作用来进行的，所以他主张学生间、师生间的合作学习。不同种族、民族、社会阶层的学生之间应该消除偏见，将学习内容进行整合后合作学习。因此多元文化教育强调双语教学，公平教育，反对以能力分班，以便于使不同文化背景、不同学业水平的学生充分接触多样文化的合作学习。

在社会学习中，把能力高的人和能力相对较低的人放在一起学习，这样能力较低的人的最近发展区能得到很好的发展。同时不同水平层次的学生思考问题的方式是不相同的，他们在此过程中也能互相学习。这里面也体现了一种认知学徒式的教学。让学生在不同文化背景的、合作性的学习小组中活动，使较优秀的学生帮助不太优秀的学生完成复杂的任务。社会学习，也强调在一定的社会情境中的学习，在现实的情境中去完成相应的任务，在学生完成任务的过程中给予相应的帮助，不是教授具体的知识而是培养学生完成任务的能力。

三、大学英语教学中合作学习的实施

（一）大学英语教学中合作学习的实施原则

除了在各种教学中都普遍适用的一般性合作学习原则之外，更应该贯彻由学科特点及学科认知特点所决定的学科合作学习的指导原则。在英语合作学习中，应贯彻以下原则。

1. 量力性原则

教学应建立在学生通过一定的努力可能达到的知识水平和智力发展水平上，并据此来确定教学知识的广度、深度和教学进度。语言是一个符号系统。作为符号，语言由两个方面组成：形式和意义。语言的学习过程就是对形式和意义逐渐认识、内化、深化、应用的循序渐进的过程。这个过程本身就具有很强的程序性，只有在学生已有认知能力、知识积累的基础上才可以不断获得语言应用能力。英语合作学习中的量力性原则应体现在以下几个方面。

（1）针对学生的年龄特征、认知特征、知识结构来决定合作课堂中的一些策略选择。如：正式合作学习组织方式的选择，非正式合作学习模式的取舍或倚重，课堂排列模式，评估的内容与形式等都应充分考虑学生的认知特征。在不同的学习阶段，学生会有不同的认知心理、学习策略、整体特征。同时，在同一个学习团体中，不同的学习个体也表现出这样那样的差异性。英语合作学习就应该以这些特征为基础，科学安排教学任务、设置教学目标，同时充分考虑学生的个体差异，对学生进行分组。学习任务应该是经过组员努力能够完成的。完成任务要凭借的学习方法、认知途径应该是学生的个体特征所擅长的。

（2）英语合作学习还要使学生具备知识上的合作基础。语言学习是一个循序渐进的过程，语言系统内部由各种分支系统组成，各分支系统内部的各符号单位之间都处在纵向和横向、聚合和组合关系之中。各个语言单位之间和分支系统之间既相互独立又相互依赖。在某个学习过程中，某个语言学习目标必须是在已有语言元素、系统片段的基础上要掌握的新元素、新片段。克拉申的输入理论指出：语言习得中的信息输入应该是大量的、可理解的。可理解性是有效语言输入的基本特征，也是有效语言学习的必要保障。因此，英语合作学习应该遵循语言学习过程的客观规律，研究内容形成一定的序列、一定的逻辑，确保学生已有的知识储备能够使其有能力理解目标知识，掌握语言技能。

（3）英语合作学习不管是教学目标、内容、方式、方法、学习习惯和策略，都强调后一经验须在前一经验基础上进一步广泛和深化。目标的设定必须考虑这些目标的提高是否达到一定程度，使学生产生积极投入的动机，以及这些目标的实现是否可以使学生获得满足感。只有当学习目标具有一定的挑战性，学习内容包括许多学生不知又想知的元素时，才可以在更大程度上激发他们的学习热情；只有在小组的学习任务是学习个体难以应对的时候，才可以激发他们的合作热情；只有在各个学习小组完成这些有难度的学习任务后，才可以使全部学生彼此间取长补短、互通有无，通过自己的摸索探究，达到团体间的知识共享。

2. 师生协同原则

合作学习是教师、学生角色的一次革命，在某种程度上都颠覆了他们自身过去的角色定位，但教学依然是师生之间相互作用以获得教育的一个过程，教师和学生在合作学习中的协作原则显得更为重要。另一方面，合作学习的一般流程是：教学目标呈现—集体授课—小组合作活动—测验—

评价和奖励,这是合作学习实施的一般顺序。英语的合作学习一般要包括以下几个步骤:参与、转化、呈现、反思,其中任何一个环节都应该贯彻师生协同合作的原则。

(1)参与

教师给学生布置合作学习的活动,指明活动内容的同时引导学生对概念信息进行加工,再据此决定给学生提供多少信息输入,判定哪些信息是学生的目标信息。在此环节中,教师应该与学生有着充分的交流,这种了解调查无论是隐性的还是显性的,是前置性的还是现时性的,学生的配合、思考、反馈都是教师准确把握信息的保证,教师由此确定哪些信息是要输入、可输入的。此外,集体讲授阶段的教学同样不应该是一言堂,师生间的积极交互是形成良好授课效果的促进剂。师生积极的协同、配合保证了轻松的传递环境、积极的收发主体、顺畅的输入过程、有效的目标接收。

(2)转化

学生通过组织、阐明、精加工和综合分析学习概念来重新组合知识。这是语言合作学习的一个重要环节,学生在此环节要对上一环节中获得的语言信息进行进一步处理,同时以之为基础通过个体学习、组内讨论进行深化处理,包括拓宽、内化、理论总结、实践应用。在这个过程中,教师绝不应是旁观者,学生的每个学习动向都应得到教师的注意,及时地引导、帮助、鼓励、警示会起到疏通引流、防患未然的作用,绝对要胜过学生暴露所有问题时再进行的评价、纠正。

(3)呈现

教师给学生提供各小组发言机会,然后将各小组学习结果进行汇总,使知识系统化、一体化,这也是小组学习结果的展示阶段。一方面,只有学生积极地呈现参与过程才可以切实反映出此语言学习过程的效果,说明合作原则在英语教学中的真实贯彻情况。同时,也只有这样,才可以提供给学生使用语言的真实环境,使学生在应用中磨炼语言。另一方面,教师在此过程中的专心聆听、辅助讲解、质疑发问、鼓励引导,以及在此过程后期所做的小组知识概括、课堂知识汇总帮助学生完成了语言应用、成果展示过程，同时实现了对习得知识的系统化处理，从而完成了教学目标。

（4）反思

师生分析学生在学习过程中的表现，提出进一步改进的建议性意见。这个环节也就是合作学习的评价阶段。作为合作学习中的一个重要组成部分，评价同样需要师生的通力协作。评价包括个人自评、个人互评、组内自评、组内互评、组间互评、教师对小组的评价、教师对学生个体的评价、学生对教师的评价。无论是哪种评价，目的都是在总结、审视中进行反思，总结整体的经验教训，以便更好地开展语言合作学习，分析学习个体的课堂表现，进行鼓励和鞭策，发现教师在教学任务、教学方法、课堂掌控上的不足。没有师生的协同合作，任何一种评价都不会真实、客观，也不会顺利地开展语言学习和教学。

3. 手段优选原则

基于本身的学科特点、教学目标、学生特征，英语合作学习过程要选择最有效的教学手段，要综合运用不同的合作策略。具体应该做到以下几点。

（1）同步学习、分组学习、分层教学与个别学习相结合

同步学习是最经济的一种教学组织方式，它以教师的系统讲授为主，全员齐动是其主要特点。在英语的合作学习中，这也是教师进行语言输入的阶段，目的是为下面的教学环节奠定基础。分组学习在同步学习的基础上进行，很好地体现了教学的计划性、系统性。小组规模由学生的发展阶段、班级人数、习得语言内容等来决定。分组学习应强调"组内异质，组间同质"。另外分层教学也不失为一个可选择的做法，即针对不同类型、接受能力设计不同层次的教学目标，提出不同层次的学习要求，给予不同层次的辅导，进行不同层次的检测，从而使各类学生分别在各自的起点上选择不同的学习速度，获取数量、层次不同的信息。个别学习是合作学习的基础，独立学习、思考解决一些问题是高水平、有效率合作的基础，是个

人"个性化和创造性地占有知识信息"的途径。

（2）在英语课堂上多种手段相结合

首先，正式的合作学习可以采用不同的实施模式，如小组分层计分法、小组活动比赛法、小组促进教学法、吉格索法、团体调查法等。每种模式都有不同的侧重，在语言学习过程中不同的学习方法可以有机结合。其次，非正式合作学习的各种手段可以整合使用。对话记录、同伴交流、读书会、同伴回应这些手段也都可以有机整合、灵活应用在教育实践中，改善教学效果。最后，合作学习可以和其他教学形态相结合，如对话教学、互动教学、自主学习、探究式学习、问题教学。任何一种教学形式都是与特有的教学目标相联系的，英语教学过程十分复杂，内容十分丰富，因此要使用与合作学习具有互补性的其他教学策略，以产生更大的效能。为了最大限度发挥课堂优势，完成教学任务，不同手段、模式应该互相借鉴、共同整合。

（3）发挥资源的最大利用优势

语言的习得更侧重于知识的输入、输出，这就要求教师要充分认识各种教学资源的优点、针对性、局限性，综合利用各种教学资源，协调各种资源，发挥其整体功能。合作学习与其他形式的学习一样，都有各种各样的语言材料可供使用，如直观的与抽象的、共性的与个性的、模拟的与创造的、知性的与感性的，这些材料都可以作为语言合作学习处理的目标。针对不同的教学目标，选择合适的语言材料才可以使合作学习的有效性发挥得更好。

4. 动机原则

心理语言学认为，内在动机是取得学习成功的重要因素。人的学习动机是借助于人际交往过程产生的，其本质体现了人际相互作用建立起来的一种积极的依赖关系。激发动机的最有效手段就是建立一种"利益共同体"的关系。合作学习可以激发学习动机，而学习动机又可以促进合作学习。此外，语言学家克拉申认为情感过滤是阻止学习者完全消化学习过程中所得到的信息输入的一种心理障碍，语言信息的输入只有经过情感过滤器的筛选才可以从语言习得中获得习得语言的能力，其中动机是一个很重要的因素。基于此，英语的合作教学应从以下几个方面来激发学生的学习动机。

（1）营造轻松的学习环境

努力创造良好的合作学习氛围，用各种适当的方式给学生心理上的安全感，多理解、多鼓励，使学生在语言习得课堂上有宽裕的发言、更正、辩证、交流、补充的时间和空间，让各种水平的学生都能得到尽情发挥，使每个学生都体验到合作学习的成功与快乐，意识到自己在此过程中的进步和提高。

（2）培养学生良好的动机

动机包括：指向自我的学习动机、指向他人的学习动机、指向团体的学习动机、指向社会的学习动机。因此，要培养学生的自我价值观、个体发展目标，以自我成长、自身提高作为自我学习动机的促成因素；培养学生对别人包括家长、教师的理解和尊重意识，以不辜负家长、教师的期望来激发学习动机；培养学生的集体感、个人责任心，以履行自己在团体中的学习任务作为动机的源泉；最后也要在言传身教中帮助学生培养社会责任心，以满足社会需要作为自己的学习动力。

（3）建立民主的师生关系

师生之间民主平等的人际关系、融洽的感情是合作学习的基本前提，语言学习过程更是通过师生交互来习得语言的过程。输入、输出都应是在有利于语言生成的人际交往中进行的，师生应站在同一平面上进行语言双向交流。知识的传授、能力的培养与师生之间的情感交流应是同步的。

（4）运用肯定性评价和模糊评价

对学生进步表现的肯定是激发学生学习兴趣的关键，起着导向、激励、激趣、促知的作用。运用人文性、科学性、肯定性评价会使学生在学习英语知识的同时，得到精神上的鼓励和语言情感的体验，从而达到其自身的认知结构与书本知识结构之间顺利完成同化和顺应的目的。另外，提倡对个人评价采用"分类＋特长＋评语"的模糊评价方式，不以明确学生的班级排名为目的，而以学生自己的过去表现为参照，让每个学生都看到自己的进步，激发学习动机。

5. 交际原则

对非语言学习者来说，学习外语的主要目的不是了解外语的知识和语言规律，而是掌握语言的交际功能，学会用外语进行口头的和笔头的交际。而语言的特征之一就是它的情景性。海姆斯指出在语言教学中，应把重点从结构能力（语法能力）转移到交际能力上来。因而，课堂上应该着重提升学习者在交流中真正意义上的正确使用语言的能力，而非简单参与或控制语言结构。由此可见，最好的学习课堂应该是学生能够理解听到的话语，而且可以直接、积极地参与到与其他人的交流中来。合作学习的课堂就是要为学习者提供大量的交流的机会，以提高学习者语言交际的能力。

（1）提供接近生活的交际情景

克拉申的监察理论认为，成人发展第二语言能力有两个独立的系统：无意识的语言习得和自觉的语言学习。其中无意识的语言习得更为重要。而中国的英语教学不是在所学语言国家内进行的，没有所学语言的客观环境。因此，课堂教学应尽量给学生提供接近真实的语言环境，把学生引导到真正的言语交际活动中来。

（2）培养友好的同伴关系

合作学习状态下的相互影响、相互合作的环境比个体的、相互竞争的环境更易于激发学生的学习动机。如果学习者可以更多地受到周围同伴的关注与尊重并及时得到信息反馈，在学习上取得进步，那么将极大增强其自信心。合作学习就是要发展学习者针对他人的正面情感，减少隔阂和孤独，消除心理屏障，加强小组成员之间的学习交流，创造轻松的学习情境。这样不仅有利于提供语言实践机会，而且还可以降低学习焦虑感。

（3）把交际理念贯穿整个学习过程

语言的学习就是不断提高学习者的交际能力。英语合作学习中，教师应该以实现交际为最终目的，以为交际过程做准备为途径，以是否、在多大程度上实现交际为评价标准，在语言学习的每个环节中都把交际行为作为一切活动的出发点和落脚点。教师必须把语言作为一种交际工具来教给学生，因为只有在实际交际过程中，学习者才能真正理解学习语言的目的，才能真正学会运用语言进行交际，也只有这样，才真正完成了语言学习的最终任务。

（二）大学英语教学中合作学习的实施步骤

大学英语的课堂教学多数为大班授课，这使得教师无法及时发现课堂中存在的问题、调整教学进度、修改教学计划。同时学生也没有足够的发言机会，而且在这种情形下的学习属于被动式学习。因此在大班授课中引进合作学习模式，既增加了学生表达的机会，也增加了教师与学生接触的机会。通常，在大学英语的教学实践过程中合作学习实施步骤如下。

1. 划分"合作学习"小组

在教师的指导下，根据各班人数划分形成若干个学习小组，一般每组5人左右，这样可以确保每个学生有足够的发言机会。同时，分组的时候要兼顾性别、学习能力和英语水平搭配，使得小组成员之间存在一定的互补性，但各个合作学习小组的总体水平必须基本一致。每个小组内由组员们自主推选一名组长。组长负责每次活动的分工安排。同时，让组员们给自己的小组定组名；这样，学生们就有了归属感（sense of belonging），他们的积极性、参与性也就被调动起来，而且组内成员还可以互相监督，从而能按时完成布置的任务，达到预期的目标。

2. 确定主题及"合作"完成任务

在开展某个教学计划之前，教师根据计划内容设计相关的学习任务，然后分配给合作学习小组。这样各个小组就可以通过网络、图书馆、交流等获取相关资料，然后用多媒体或通过其他形式展现出来。在布置任务时，教师可以给予学生适当的指导，例如，向他们介绍查找资料的途径、推荐搜索的网站等；而且学生如果遇到困难，可以随时通过电子邮件、网络交互平台向教师求助。

3. 评价作品

各小组完成任务后，教师应该提供一个平台让他们把自己的成果展现出来。在课堂上，教师可以留出一点儿教学时间，要求某一个小组在限定的时间内展示他们的作品，同时要求其他小组认真听、做笔记，并且要求他们向做展示的小组提问，而且还可以要求他们对做展示的小组进行评价、评分。最后，教师再根据学生反映做点评。

四、大学英语合作学习的评价原则

合作学习的评价应体现合作学习自身的特点，坚持以下原则。

（一）发展性原则

合作学习的评价与传统教学也有很大不同。传统的教学评价强调的是常模参照评价，关注个体在整体中的位置，热衷于分数排队，比较强弱胜负。这种竞争性的评价是有局限性的，它把是否"成功"作为衡量学生优劣的唯一标准，脱离了大多数学生的实际。在这种评价方式下，只有少数学生能够得到高分或好名次，能够取得分数意义上的成功，而大多数学生则注定是学习的失败者，这不利于大多数学生的发展。

合作学习的评价应该着眼于学生的发展与进步，其主要目的是分析判断学生存在的不足与问题，让学生在现有的基础上得到实实在在的发展，而不是给学生定位、贴标签，主张从每个学生发展的内在需求和实际情况出发，评价他们的发展过程，寻求更有效的学习方式，激发其不断努力，追求进步，促进发展。

（二）过程性原则

传统评价重在甄别与选拔，评价的重心在于学习的结果，忽视学生获得答案的推理过程、思考过程，这种只重结果而轻过程的评价会对学生良好思维品质的形成产生影响，会压抑学生思考、探究问题的积极性与创造性。在大学英语合作学习中，教师对学生的评价不仅仅依据期末考试和大学英语四六级考试成绩，同时结合每个单元学习中小组合作学习的课堂演示、讨论、课堂观察记录、测验等手段，并利用学生的学习档案，网上自主学习，调查问卷等方式综合评价学生的英语学习态度、学习情感、学习效果等。也就是说合作学习评价不仅关注学习的结果，还注重合作学习的过程，重视运用形成性评价，强调通过在合作学习活动的各个环节，具体关注学生的发展，收集合作学习过程中的资料，形成对学生的认识。

（三）多元性原则

由此可见，合作学习评价主体多元化，传统学生评价主体单一。而由老师来评价学生这种单一的评价模式导致评价结论主观化、片面化，难以保证学生对评价结果的认可，也不能适应教育过程民主化、人性化的发展趋势。合作学习的评价使老师、学生、合作小组、家长一起参与评价过程，尤其注重发挥学生在评价中的主体作用。合作学习评价内容的多元化，既要关注学生的学业成绩，也要关注学生的合作意识、社交技能、实践创新能力及学习兴趣、心理素质。评价方法多元化，即应该运用多种评价方法、手段，综合评价学生在知识与技能、过程与方法、情感态度与价值观方面的进步。

第三节 任务型教学

任务型教学（Task-based Language Teaching）兴起于 20 世纪 80 年代，是指以具体的任务为学习动力或动机，以完成任务的过程为学习过程，以展示任务成果的方式来体现教学效果的教学方式。任务型教学强调"做中学"，是一种语言社会化和课堂真实化的语言教学方式，该教学方法对我国大学英语教学具有十分重要的意义。

一、任务型教学的理论基础及主要特征

（一）任务型教学的理论基础

任务型教学的理论基础基于语言习得的研究成果，课堂中师生和学生的互动和交际有助于学生运用语言，学生在完成任务的过程中产生语言的习得，并最终达到掌握语言的目的。其理论基础是输入假说、输出假说与交互假说。

1. 输入假说

人们普遍认为，如果人们想要学习第二语言，就必须有第二语言的输入。输入指的是学习者听到或者读到的语言样本。语言学家克拉申（1982）提出了输入的"i＋1"理论，即如果语言学习者接收到的语言比他现在的语言水平难一点儿，那么他的语言水平将得到提高。这里的"i"代表学习者目前的语言能力，"i＋1"代表比学习者目前语言水平超出一点儿的语言。这都说明语言输入对语言学习者的重要性。

任务型教学可以给学生提供比传统教学法更多的水平适当的语言输入，所以它可以提高学生语言水平。总的来说，语言输入来自两个方面，一个方面是学习者阅读或听到语言学习材料，另一个方面是小组活动或同伴活动中所用的语言。对于第一方面，当学生为了完成一个任务而阅读或者听一些学习材料的时候，他们能得到比在传统的课堂上更多的语言输入。当然，教师应该控制输入语言的适宜程度并且选择比学生现有语言水平稍难一点儿的语言材料。在传统课堂上，学生的语言输入材料只是教师所给的单词、句型结构、语法知识，而这些和任务型教学课堂上的语言材料相比，肯定要少很多。对于第二方面，在任务型教学的课堂上，当学生小组活动的时候，学生有更多的机会接触不同的语言。因此，他们有更复杂的语言输入。如果这些语言比学生现有语言水平稍难一点儿的话，学生将能提高他们的语言水平。因此，通过参加任务型教学活动，学生应该能提高他们的语言水平。

2. 输出假说

Swain（1985）提出了语言输出理论。他认为学习者在语言习得方面，语言的输出比输入更为重要。Swain 用他在加拿大让学生进行学习时得到的调查结果作为支持他观点的论据。学生的母语是英语，教师用法语教授他们所有的科目，其目的是提高学生的法语水平。但是学生仍然不能很好地用法语说和写。Swain 把这归咎于缺少语言输出。

3. 交互假说

后来有人提出了交互假说。他认为第二语言习得发生在语言交流的时候。这个假说的基本观点是当人们在交谈中互相理解有困难的时候，他们就会对所用语言的意思进行商讨，这种商讨包括对语言的调整，对所用语言结构进行的修饰。这种商讨的结果使说话双方对语言输入理解更加透彻，因此促进了语言习得。在任务型教学中，为了完成任务，学生们会互相交流。在交流的过程中，他们有时候会难以理解对方的意思。这时说话的双方通常会对谈话内容进行商讨和调整，从而使对方听懂自己的意思。商讨的结果是听话人明白了说话人所输入的语言，从而得以促进听话人的语言习得。随后，当语言学习者在以后的时间里说英语时，他们能够更好地记住正确的表达方法并且能说得更正确、更恰当。由此可见，任务型教学应该能够帮助学生提高他们的语言水平。

（二）任务型教学的主要特征

任务型教学有其自身独特的特点与优势。

1. 缩短课堂与生活的距离

与传统课堂中教学与生活严重脱节的情况不同，任务型教学则缩短了课堂与生活之间的距离。具体体现为如下两个方面。

（1）学习材料的真实性和任务贴近现实生活。课堂交际任务的目的在于使学生具备完成课堂外类似交际任务的能力，这就使课堂学习和现实生活紧密地结合在了一起。

（2）互动方式模拟社会生活中的人际交往。传统的课堂教学中的互动通常表现为教师个体与学生群体之间的互动,但是这种互动类型的真实性值得怀疑,与实际生活中的差距往往很大。任务型教学所主张的合作学习和师生、生生之间的交互作用以及意义协商,就是把课堂视为社会的一个缩影,使人际交往发生于课堂教学中。可见,任务型课堂中的交际多是围绕需要来提出问题、解答问题、表达思想的,是真正的交际,更加接近真实生活。

2. 带来师生角色的变化

第二语言习得研究表明,学习者的语言发展道路无法、也不能由教学决定。所以,在教学中,教师不能简单地决定哪些是学生应学习的内容,而应充分关注学习者个人在语言学习中所发挥的作用。教师不再是知识的传授者,而应该是学习环境的创设者,学生学习的促进者、支持者。这是一种全新的学习观和教学观,任务型教学就充分体现了这种全新的学习观和教学观,不仅使教学范式发生了转变,也从根本上改变了课堂上的师生角色。

(1) 学生角色的变化

在任务型教学的课堂上,学生不再只是被动地接受知识,而是主动地探索知识,成为课堂活动的积极参与者,他们可以自由表达学习和情感需求,可以与小组或同伴积极协商,以更好地完成学习任务,同时要为自己的学习承担责任。

(2) 教师角色的变化

教师的作用不再是单纯地传授语言知识,而应是教学中的解释者、参与者、促进者。教师应以学生为中心精心设计课堂,"语言素材的选择和任务的确定都要考虑学习者的兴趣、需求和认知水平;对于前任务、任务环、语言焦点等各教学环节应该如何组织,可能遇到哪些问题,任务如何切入,突出什么,确定哪些语言点为提高语言知觉活动的内容等问题都要经过认真思考。"

3. 对教师提出更高要求

任务型教学对教师提出了新的要求,要求教师必须及时改变自身的定位与自身水平，以便尽快适应新模式。具体来说，教师应从以下几个方面入手。

（1）大多数教师本身的外语就不地道，缺乏真实性，难以达到任务型教学最基本的素质要求。此外，大部分外语教师都没有二语习得的经历，更谈不上二语教学的经验。这就要求广大英语教师坚持学习、不断提高，以适应任务型教学的新要求。

（2）任务型教学要求的教学资源通常会超越课本和语言教室常用的相关材料，需要教师表现出高水平的创造性和首创精神。因此，如果教师没有开放的心态以及包容的心胸，没有摆脱传统的角色的束缚，没有及时调整好自身的定位，就不可能采纳或胜任这种教学方式。

（3）任务型教学以任务的设计为中心环节，这就要求教师具有较高的调控能力。具体来说，教师要对任务的准备、完成、评价等环节进行综合考虑，并合理安排、跟踪、控制各个环节的进展情况。此外，在任务的设计过程中，教师还要对诸多因素进行协调，如任务实施的难易度、学生现有的英语水平、学生的兴趣爱好等，这样才能使设计出的任务具有较好的针对性并取得满意的教学效果。

二、任务型教学中的多元文化渗透

社会学认为，所有的文化都具有独特性，都不完全相同。处在不同文化背景中的人们，无论是社会制度，还是宗教信仰、风俗习惯等都有差异，这些差异在言语和行动使用规则上都有所表现。所以，不同语言的人们在相互交谈时，如果想使自己表达的内容为大家所理解，就必须了解对方的文化背景知识。任务型教学中多元文化渗透的方法有以下三种。

（一）结合课文

在任务呈现时，可以结合课文，向学生介绍英美等国家的自然条件、风俗习惯、饮食娱乐、宗教信仰、家庭模式等与文化的形成发展和现状有关的知识，培养学生的跨文化认知和理解意识，使他们能够开放地、合理地理解英美国家的人们与自己在各方面的不同。

（二）课外阅读

在任务实施的过程中，让学生阅读一些英美文学作品，对培养他们的文化意识裨益良多，主要有以下三方面的作用。

1. 文学是语言的艺术。通过阅读文学作品，学生可以接触到生动活泼、多姿多彩的语言输入。

2. 大部分文学作品都和当时的时代有关联，是一个民族文化历史发展轨迹的写照。通过阅读大量的文学作品，学生可以对当时的社会有更好的认识，这有助于他们跨文化意识的养成。

3. 经典的文学作品通常都有着深刻的人生哲理。学生通过阅读文学作品，可以了解名人成功背后的艰辛，对培养他们坚忍不拔、自强不息的奋斗精神有很大的好处。

（三）加强写作

在任务完成后，教师可以安排学生进行相关文化的写作，通过写作来巩固文化知识。这一方法可以放在英语每单元的作文教学中，也可以根据每单元的教学内容将其渗透到教学中。

三、大学英语任务型教学的实施

任务型教学以完成任务的过程为学习过程，体现教学效果的方式是展示任务成果，教学动机或动力是帮助学习者完成具体的学习任务。

（一）大学英语任务型教学的实施原则

1. 趣味性原则

任何教学的实施都需要遵循趣味性原则，这一原则在任务型教学过程中尤其重要。任务型教学的优点之一是能够通过生动有趣的课堂活动调动学生学习的积极性和动机性，使学生能够积极主动地参与课堂学习。因此，在任务型教学过程中遵循趣味性原则十分必要。在语言学习的过程中，如果机械、反复地对语言任务进行教学，会使学生失去对任务的兴趣，甚至会对语言学习产生抵抗心理。而任务型教学要求教学形式多样化、趣味化，这种教学氛围的形成受到很多因素的影响，如学生的参与、师生的交流和互动、任务中的人际交往、师生情感的交流、学生对任务解决后成就感的建立等。

2.合作性原则

学生由于生活背景、学习背景等的不同，其对事物的认知也不尽相同。在任务型教学中，需要对学生的这一特点进行利用和发挥。由于这种认知差异性的存在，在英语任务型教学中可以根据合作性原则，采用小组合作的方式进行学习。

这种学习方式能够保证学生交流的多样化，同时还能在学习中整合记忆不同的学习观点，从而避免了学生对事物理解的片面性。在合作性原则的指导下，学生的思维方式和知识智慧得到了共享和传播，这对学生思维的扩展有着积极的促进作用。

在小组合作中，学生需要对自己的观点进行总结和陈述，这是对学生交际能力的挑战，因此学生的人际交流和语言表达能力也能得到锻炼。同时，在学习过程中学生不仅需要表达自己的观点，还需要对别人的观点进行理解，这可以培养学生的接受能力和包容理解能力。

3.挑战性原则

任务型教学要求学生解决学习任务，因此在设计教学任务以及教学过程时，教师需要把握学习任务的难度。这要求教师需要遵循挑战性原则。

过于简单的学习任务，不能使学生产生解决问题后的成就感，同时很容易使学生丧失学习的兴趣，产生一种骄傲的心理，甚至产生一种高傲自负的学习态度；过于困难的学习任务又会使学生丧失学习的积极性，打击学生的自信心，使学生产生畏难情绪，因此学习任务的难度需要根据学生的实际情况，在学生正常英语水平的前提下适当增加难度，从而使学习任务具有一定的挑战性。

具有挑战性的学习任务能够提高学生学习的积极性,刺激学生主观能动性的发挥,从而以一种主动昂扬的状态完成学习任务。完成具有挑战性任务能够培养学生的自信心,使学生产生一种学习上的满足感、自豪感。在这种任务型教学的过程中,学生学习的兴趣和积极性会得到不断地提高和发展。

4. 连贯性原则

教学过程中连贯性原则指的是学习任务之间的关系,以及教师教学过程中的实施步骤和顺序。换言之,就是教师如何保证在任务实施过程中达到教学上和逻辑上的连贯与流畅。

任务型教学并不是在一节课安排一两个活动,也不是一系列毫无关系的任务的简单堆积,任务型教学主要依靠一系列具有关联性任务的设计来达到教学目的。教学目的的达成与任务中相互关联的各个子任务之间具有的密切联系是分不开的,这些任务之间相互衔接,循序渐进,以期完成最终的教学任务。

5. 文化性原则

语言是对文化的反映,因此语言承载着文化的方方面面。语言的学习不仅仅包括对该语言的语音、语用等相关知识的学习,还包括对相应文化的学习。语言的学习过程实质上就是对一种文化的学习过程,不同的文化环境会对语言产生影响,文化的差异在语言中表现得尤为突出。文化背景的不同使得交际中经常出现这样或那样的错误。例如,在中国,初次见面时长辈可能会问及晚辈的个人情况,如年龄、职业、家庭成员以及婚姻状况等,长辈询问这些内容只是为了表达自己对晚辈的关心。这种语言使用习惯在中国很常见,但是在西方这是极其不礼貌的行为。西方社会很忌讳询问对方的私事,如果有人在初次见面时问及西方人这样的问题,会被视为"没有教养"。

中西方文化的差异性导致双方语言使用习惯有很多不同,因此在任务型教学过程中,向学生讲解这种文化差异性就十分有必要。学生只有对文化背景下的语言进行了解和掌握，才有可能使用地道的英语进行表达和交际。可以说，只学习语言不学习文化的学习行为不是真正的英语学习。

因此，在任务型教学设计过程中应该将文化因素考虑在内，使学生在任务型教学活动中能够了解英语国家的文化习俗、民族习惯、思维观念等。任务型教学设计中加入文化因素可以培养学生的跨文化意识，使学生在英语学习过程中增强文化学习的意识，进而提高英语学习效率。

6. 语境性原则

语言的使用是在一定的环境中进行的，因此语言学习也必须在语境中进行，脱离了语境的语言学习难以转化为实际的语言能力。因此，在任务型教学过程中也需要按照语境性原则的要求进行英语教学。

语言具有社会属性，这种社会属性是维系社会关系的一种纽带。人们在交流过程中使用什么样的措辞都会受到说话语境、双方的身份等因素的制约。因此，任务型教学设计也应将语境考虑在内，为学生提供真实的语境，使学生在真实的语境中体验实践。在真实语境中进行的活动能够促使学习者通过"同化"和"顺化"达到语言意义的主动建构。

7. 主体性原则

在我国，随着英语教学改革的不断深入和发展，师生在教学中的地位也在不断进行调整。现阶段的英语教学要求以学生为学习的主体，因此在任务型教学过程中需要遵循学生主体性原则。

以学生为主体是相对于以教师为主体的一种教学模式。以学生为主体原则要求以学生为出发点，从学生的角度出发，站在学生的立场考虑问题。任务型教学的教学设计必须遵循学生主体性原则，这个原则主要体现在以下几个方面。

（1）任务设计中学生的主体性

在任务教学设计时应该考虑学生学习的主体性，这一教学设计原则有助于激发学生的学习热情，有利于发挥其主观能动性。

学生主体性原则确立了学生在教学中的主体地位，学生的主观能动性

第五章　多元文化教育背景下的大学英语教学模式

可以有效刺激学生的语言创造力。知识的学习受到很多因素的影响，这些因素有来自于外界的，有来自于自身的。只有来自于自身的因素才会对学习产生质的影响，学生自己对所学的知识感兴趣是知识学习的决定性因素，决定着语言学习的效果。任务型教学的教学设计遵循学生主体性原则，提高了学生学习的积极性，而积极的学习态度是知识学习的关键。任务的设计是教学顺利开展以及保证教学效果的开端，因此需要教师结合具体学习实际进行考虑。

（2）教学过程中学生的主体性

在任务型教学的过程中需要对学生的主体性进行关注，这就是说教师应该从学生的角度进行教学，做到"想学习者之所想，及学习者之所及"。

英语学习是为了进行交际，因此教师教学应该考虑到语言学习的目的，从学生的角度进行思考。例如，教学中如果教授生硬的语言知识，不仅不能增加学生的语用能力，还会使学生对英语学习产生厌烦感和抵触感。

针对学生不同的年龄特点和学习背景，充分考虑学生的认知能力，充分关注学生在学习中的主体性才是任务型教学质量提高的保证条件之一。

（3）任务完成中学生的主体性

任务的完成需要学生积极地参与，因此在任务完成中也需要考虑学生的主体性。

任务的完成需要学生充分发挥自己的主体地位，对多种任务完成的因素进行考虑，如同学间的交际、师生间的交流等。任务成功与否在很大程度上受到学生语言能力的影响，而提高学生的语言运用能力是任务教学的首要目的。因此，可以说任务的完成可以积极促进学生语言目标的达成，而学生完成任务时的主体性又起着积极的影响作用。

（二）大学英语任务型教学的实施步骤

1. 任务的准备

任务的准备主要涉及两个方面的内容。一是作为任务参与主体的学习者需要获取、处理或表达的信息内容。二是作为任务参与主体的学习者获取、处理或表达这些内容时所需的语言知识、技能或能力。

在任务准备阶段,还应特别注意两个问题,即语言输入的真实性和任务的难度。在课堂教学的环境下,教师的教学材料既要有语言交际中真实使用的语言,还应具有课程标准指导下的仿制自然交际特点的真实性,这两大特点共同构成了英语课堂环境的语言输入。任务型教学中任务的难度主要由学习的内容、活动的类型和学习者的自身因素三个方面决定。

2. 任务的呈现

任务的呈现是指教师在教授新语言之前向学生展示需要学生利用新的语言知识来完成的任务,也就是对任务的介绍。此时,教师应当结合学生的生活或学习经验创设有主题的情境,以此激发学生的好奇心和学习动机。在这一阶段,教师要做的是为学生提供与话题有关的环境以及思维方向,并在所要学习的新知识与学生已有的旧知识结构之间建立某种联系,调动起学生的求知欲,使学生有想说的强烈欲望,满怀兴奋和期待地开始学习新知识。在这一环节中,教师需要遵循先输入、后输出的原则,也就是说,在激活了学生完成任务时所必需的语言知识和语言技能后再导入任务,这样不仅可以促进学生学习任务的顺利进行,还可以为下一阶段教学的开展奠定基础。

3. 任务的实施

任务的实施阶段是学生语言技能的主要习得阶段。在这一阶段中任务的选择极为关键,任务的难度对学生的语言习得水平也具有极大的影响。任务的难度过高或过低都不利于学生的学习,因此教师要合理选择任务的难度。在教学中出现任务难度过高或者过低的现象很常见,但是教师可以采取一定的措施进行补救。例如,当任务难度过高时,可以利用图表、图像等直观的手段降低任务的难度,除此之外,教师也可以为学生提供一定的讲解以降低难度;当任务难度过低时,教师可以在简单的任务后面添加其他学习内容或设计更多具有思维挑战性和判断性的任务。

学生完成任务的形式可以有很多种,如小组形式、自由组合等,也可以由教师设计许多小任务构成任务链。任务型教学中小组活动是比较常见的一种活动方式。在进行小组活动时，要有明确的个人任务与小组任务，要对学生和教师的角色进行适当的转换。当然，教师要对小组活动进行宏观指导，以使教学活动顺利开展。此外，为了鼓励学生，教师也可以参与到学生的小组活动中，这样不仅可以拉近教师与学生之间的距离，还可以在一定程度上缓解学生完成任务时的紧张心理。教师在小组中还可以及时地对学生实施任务的情况进行监督、指导，了解学生掌握新知识的程度，并根据具体的情况随时对教学策略实施调整，以保证任务完成的质量。

4. 任务的汇报和评价

学生在完成任务后可以派出代表向全班报告任务完成情况，代表既可以由教师指定，也可以由小组推选。两种方式各有优点。当学生汇报任务时，教师还应对学生进行指导和帮助，促使学生顺利完成汇报。

在各个小组汇报完毕后，教师应当与全班一起对小组做出评价，指出各组的优点和不足，并评出最佳小组，让学生在完成任务之后品尝到成功的喜悦，同时认识到自己的不足，并在以后的学习中逐渐克服。在评价过程中，教师不仅要对评价的结果进行评价，还要让学生之间互评，这样有助于提高学生正确、理智地评价自己和他人的能力。对于完成情况好的小组，要给予精神鼓励或适当的物质奖励。

总之，任务后阶段的意义在于为学生提供一个对整个实施过程进行回想和总结的机会，促进学生形成积极反思的习惯并使学生进一步关注语言的形式。

四、大学英语任务型教学评价

任务型评价主要通过学生对任务的完成情况来考查学生的语言能力，同时它也十分关注学生在完成任务时的思维过程。因此，任务型评价主要由行为表现评价构成，或认为任务型评价是行为表现评价的方法之一。

（一）任务型评价的特点

1. 教师和学生努力的目标相同

任务型评价的目标是让学生完成某一特定的任务。在评价开始之前，学生对于自己要完成什么样的任务，这些任务在什么状况下完成，以及需要什么附加条件等都十分清楚和明确，这样学生就知道自己应该朝什么方向去努力，而让学生明白这一点的关键人物就是教师。可以说，在任务型评价中教师和学生努力的目标是一致的。

2. 注重考查语言运用能力

在传统的英语测试中，选择题是一道常见的题型。为了做好这类题目，学生往往需要花费大量的时间机械地记忆相关的词汇和语法。这种客观测试虽然具有较高的可信度，但往往不能真正反映出学生实际运用语言的能力，很容易出现"高分低能"的结果。而任务型评价重在让学生通过完成具体的任务来体现学习情况，不仅可以较全面地反映出他们发现问题、解决问题的能力，而且可以真实地反映出学生运用语言的能力。

3. 全部学生都可参与评估

与传统的终结性测试不同的是，任务型评价中教师不再是唯一的"裁判"，所有学生皆可成为任务完成情况的评价者。这一评价方式可以让全体学生都参与到评估活动中，使他们能够真正认识到自己存在的不足并乐于提高和改善，大大激发了他们参与活动的积极性。例如，在课堂教学活动中，当某个小组的学生完成了一个任务，其他同学就可以对其进行评价。需要指出的是，让学生参与评价建立在一个重要的前提之上：学生必须清楚评价的标准。只有当学生清楚了评价标准，他们才可以对自己的表现进行正确的反思，而且还可以了解其他同伴的实际语言水平。

4. 可以将学习与评价过程相结合

在以往的英语教学中，教学过程和教学评价往往被分开实施。教师在课堂教学活动中教给学生的是听、说、读、写等各种技能，而最终测试的内容却经常与教学内容不符。例如，课堂上教师讲课不会涉及选择填空等形式的内容,但学生在测试时却需要通过这种练习形式来鉴定自己所学所用的知识。换而言之,教师平时教学活动的形式和内容并不是最后要考查的。在这种矛盾状况的驱使下,教师逐渐将课堂教学转为讲解各种语言知识,从而让学生可以在评估中得到"高分"。与此不同的是,任务型评价方式将学生每天的课堂表现也纳入到评价范围中,这一方面将教学过程和评价活动结合起来,另一方面也能更加真实、有效地反映出学生实际的语言水平。

5. 可以全方位、多角度考查学生

学生在完成任务的过程中往往不只是需要语言知识和技能,还有很多其他能力,如记忆能力、思维能力、创造能力、团队合作能力等。因此,任务完成的过程也是学生展现和锻炼他们全方面能力的过程。此外,任务完成的过程也是评价的过程,其中可以体现出学生在学习动机、情感、态度、自我计划以及合作精神等多方面的情况。

综上所述,任务型评价使学生在学习时间、内容和方式上有了更多的选择,同时还使学生接触到更多的知识和领域,这与近年来学科融合的发展趋势是一致的。实践表明,采用任务型评价可以更好地实现跨学科的学习,使语言贯穿于其他学科之中。因此,任务型评价有助于我国评价体系的完善,可以使我们更加注重评价的过程,调整各项技能的综合评价,真正建立以人为本的全面、科学的评价体系。

(二)任务型评价的任务设计

1. 测试任务的要求

在任务型评价中,测试任务必须满足以下几个方面的要求。

(1)有明确的目标和意义。

(2)在布置任务时需要有明确的情境提示,用来说明任务完成的条件和要求。

(3)测试任务的评价取决于结果。

(4)注重语言的交流和运用,并且与实际的生活相联系,设计的任务往往是受试者在现在或今后生活中可能需要做的事情。

综上可知,任务型评价重在考查学生在语篇中运用语言知识完成任务的能力,重在考查学生可以做什么,从而推断他们将来在实际交际中如何表现。此外,这一测试方式还考查其他方面如策略和文化知识等内容。简言之,任务型评价旨在考查学生的综合语言运用能力。

2. 设计原则

在任务型评价中,任务是最基本的分析单元,任务也因此成为选择、评价工具建构以及评价任务表现的依据。虽然这一测试方式大多选用真实的任务来考查语言系统中的某些特定成分,但其重点在于考查学习者完成任务时本身的表现。

任务型评价设计的基本原则是:测试应该能推断出学习者的实际语言能力,预测其语言能力方面的表现以及是否可以在不同的情境下正确运用语言。而将其作为设计原则的原因如下所述。

(1)测试任务主要侧重描述学生应该具有的语言运用能力,即对学生应该达到的水平有详细的描述,对于任务的要求和所希望达到的标准通常应该在指示语中明确进行描述,包括对于任务的目的、对象,完成任务所需要的时间,文本的长度等。

(2)测试任务的同时也要对任务评价的标准进行详细的说明,如任务的情境、输入信息、输入方式、条件、信息处理过程、参与方式、信息输出方式等,以保证学生顺利地完成任务。

(3)测试任务也要包括完成任务的过程、条件以及应该达到的结果。测试任务重点关注学生是否可以根据条件完成任务,而不只是考查其对零碎语言知识的认知能力。测试任务可以作为任务标准参照性测试的依据。

3. 注意事项

(1)任务要与课程目标、学生生活一致

任务要有比较清楚的能力目标,从而让学生了解需要掌握的教学和技能的具体内容。

要明确什么样的任务与教学内容和技能相匹配,即这些任务涵盖哪些语言方面的能力。学生在完成这些任务的过程中是否能表现出教师希望检测到的语言能力。

(2)注意对任务难易程度的控制

学生在完成任务过程中需要用到的语言运用如词汇、时态、语法结构等知识应该与所学习的教材内容基本一致,这就要求教师选择的任务必须接近学生所学习的语言内容,不能脱离学生学习的实际情况。

(3)注意保持任务设计的公平性

任务的完成最好能够体现出所有学生的语言发展情况和实际运用能力,而不会因为任务中其他无关因素影响到评价的公正性。

(4)注意任务设计和间接性测试相结合

需要指出的是,强调任务型评价并不是要摒弃其他的测试方式。

当前大多数学校采取的阅读、听力、写作等测试方式在一定程度上都可以测试出学生的语言能力,任务型评价同样可以包括一些间接性的考试方式。

第六章 多元文化教育背景下的大学英语教学方法

第一节 情境教学法

一、关于现代大学英语教学中情境教学的分析

(一) 情境教学的基本理念

1. 情境教学的活动要具有自主性

针对这个方面，在实际教学过程中，笔者最强烈的感悟是必须发挥与解决好自主性问题，主要包括两个方面：其一，稳固的师生交流；其二，在具体施教过程中必须以学生为关键。古语有云"尊其师，奉其教"。自由、尊重、信任的师生关系是顺利实施教育工作活动、增强教育成效的基础。进行情境教学能够提供给学生一个独立发展的自由空间。因为学生在教学过程中的自主性，可以促使学生自主学习、敢于突破自己、完善自己，感受到"学习主导者"这种内在底蕴。

2. 情境教学的活动具有创造性

创造性学习方式的灵感通常出现在学习动机的努力实践中。笔者认为情境教学的作用，主要体现在打造出一个自由化的师生信任、尊重、自由

交流的环境，来帮助师生之间的沟通学习，在教学过程中树立其创造性。特别是在教学中碰到不确定的问题时，教师不要轻易下结论，而应鼓励同学之间在合作中竞争，在竞争中合作，互相启发，取长补短，这样既让学生充分体会到探索求知的乐趣，又有利于他们养成良好的学习习惯。著名的发明家爱迪生认为："想象力的作用大于知识，知识是有限存在的，而想象力可以无限大。"这体现了创新观念的重要，在情境教学的具体实践中，必须全面打造且培养这样的创造性学习习惯。

3.情境教学的活动具有体验性

由于人的认知行为都存在一定的体验性，所以在实际教学过程里，作为施教引导者的老师必须在自由活泼的氛围或情景里，带动学生形成不同的求知观念，发散自己的思维，获取知识，努力实践。让整个学习求知的过程变成一个关键的步骤，和结果同样关键，目的就是让学生把思考和发现当作一种快乐，在学习过程中体验思考的乐趣，在结果中体验成功的滋味。

（二）通过情境教学，引导学生参与教学

大学英语课是一种语言教学，而语言教学的最终目的是培养学生以书面或口头的形式进行交际的能力。课堂互动本身作为一种语言交际活动，是学生语言实践的极好机会。如果学生能参与课堂互动活动，就能直接获得学习和掌握语言的机会，同时还能参与规划自己的学习过程，这会使其学习态度变得更积极、负责。

查斯柏森指出："教好外语的首要任务看来是要尽可能多地让学生接触外语和使用外语。学外语就像学游泳一样，学生必须泡在水中，而不是偶尔沾沾水；学生必须潜到水里去，并感到自得其乐，这样，他才能像一个熟练的游泳者那样乐在其中了。"好教师就好比游泳教练一样，他不是一个游泳者，而应该是一个引导者、指挥者。作为引导者、指挥者，教师要设计各种互动活动，活跃气氛，缩小师生间距离，努力创设民主和谐的教学情境，鼓励学生思维活跃、热情饱满地参与课堂教学。在教学实践中，教师应尽可能地为学生创造交际情境,引导学生参加各种精心设计的语言交际活动。笔者认为,大学新生进校的第一节课就可以成为培养学生"参与交流实践"这一良好习惯的开端。例如,教师在自我介绍时,就可以利用这个机会启发学生动脑动口。

教师只在黑板上写下自己的名字,鼓励和要求每个学生对教师提出一个问题。提问结束后,再请学生概括成"The Introduction of Our English Teacher"。新学期伊始就营造出这种良好、轻松的语言环境,对提高学生的主体意识,建立师生平等合作的关系,消除心理顾虑,激活学习乐趣起着不可缺少的作用。

(三)运用问题创设情境,激发学生思维的火花

学问,学问,无论是教还是学,关键都在"问"上。巴尔扎克说过:"打开一切科学的钥匙毫无疑问的是问号。"自然,教学离不开提问,提问是课堂教学中师生互动的最常用、最主要的方式。课堂提问不仅可以对所学知识进行巩固,而且对新知识的理解、掌握及运用起着极大作用,同时也能以点带面,事半功倍,对开发学生智力、培养思维能力、沟通师生间情感、增强课堂教学效果及提高教学总体质量将起到特别积极的作用。

教学实践表明:教师提问效果的好坏,往往成为一堂课成败的关键。因此,教师要在深入研究教材内容、学生心理特点和能力水平的基础上创设问题情境,以便充分调动学生学习的积极性,引发学生积极的思维活动。在英语课堂上,教师设计的问题旨在刺激学生对学习内容产生浓厚兴趣,所以,教师所选的问题要具有典范性,设计要有巧妙性,力争在趣味中学习。

建议教师在课堂上多提"开放性"问题,即重思考、重理解,要求学生做出评价、判断、解释或论述,接受多种答案的问题;而少提"封闭性"问题,即重记忆、不重思考,只提供知识型信息,只有一个正确答案的问题;还应尽量提一些难度不大,与学生生活贴近,渗透文化背景知识、人文教育的问题;提问时应带有启发性,不急于说出答案,要留给全体同学

积极思考和准备回答的机会，要善于运用问题引导学生参与各个教学环节，让他们自己去发现、核查答案。

例如，学习 Food（New College English, Book 2, Unit 1）这节课时，笔者设计了这几个问题让同学讨论：

（1）What do you eat every day?

（2）Which food gives us a lot of energy most rapidly?

（3）Which food is most fattening?

（4）Which food can we get the most vitamins from?

（5）What do you think of the fast food and snacks?

（6）Compare some differences in eating habits between Chinese and Westerners.

学生在讨论中，一步一步地进入了教师巧设的问题情境，积极思考，互相合作，参与教学活动。这样，师生间形成了良性、和谐的呼应和互动，在不断解决问题的过程中，学生的主体作用得到了充分发挥，自主学习和探究能力获得了发展。

总之，在课堂教学中，有效开展情境教学，有利于激发学生参与的兴趣，引导学生更好地理解和掌握知识，启发学生的思维，培养学生的情感，发展学生的创造性思维和创新能力，从而吸引学生主动学习，取得最佳的教学效果。

二、情境教学中"支架"的提供

"支架"最近是一个比较流行的概念，很多教育研究者开始谈论这个词，可是其中并不是所有的人都对"支架"有一个准确的领会和把握，不少人还停留在肤浅或片面的层面上，这会造成对"支架"认识的误解，使其内涵出现泛化或缩小。有的人看什么都像"支架"，又有的人看什么都不像"支架"，其实，这都是不对的。

"支架"是指在学习者需要的时候为其提供的恰当的支持。这些支持帮助他们快速有效地进入最近发展区，获得潜在的发展水平，随着他们能力的提高，逐渐撤除这些支持。支架在实际应用中其实是很灵活多变的，其形式五花八门。我们可以随着任务和目的的不同而采取不同形式的支架。应该这样说，只要适合学生需求，能帮助学生跨越最近发展区的就都是合适的好的支架。目前支架的类型并没有统一的划分，对此不同的学者持有不同的意见。笔者根据自己的研究及应用实践经验，在将支架式教学应用于英语教学的过程中，把支架分为两大类，一类称之为一般性支架，即适用于各个学科的支架；另一类称为特殊性支架，即相对而言更适用于英语学科的支架。现简述如下。

（一）一般性支架

1. 范例支架

范例支架是指教师针对教学过程中最重要或最典型的主体对学生进行范例演示，使学生能直观地达到学习目标，可以有效避免冗长或含糊的解释过程。

2. 问题支架

有经验的教师会在学生的学习过程中自然地根据不同情境和阶段提出不同的水平阶段的问题，让学生可以根据问题来思考和研究，从而帮助学生攀着支架进入下一阶段。与此类似的还有建议支架，只不过将疑问句调整为陈述语句。

3. 解释支架

当教师提出一些问题或给出一些任务时，为学习者提供一些问题定义的解释。学习者在学习过程中出现一些理解上的困难或者错误时，教师也可以适时地给予一些解释，帮助学习者理解，从而进入下一个阶段的学习。

4. 策略支架

教师通过呈现给学习者多种方案、事件和观点，给学生以自主参与计划的制订和决策的空间，让学生通过对不同方案、策略的比较分析，加深对任务的理解和认识,从而通过协作交流,独立自主地制定解决问题的方案,完成学习任务。

5. 背景支架

背景支架指的是与教学主题相关的背景知识、典故、环境等,学习者在接触一些对自己而言完全陌生的任务或主题时,会茫然不知所措,教师若能适时地提供一些与学生原有的知识建构有一定联系的背景支架,使学生攀着由这些支架所搭建的桥梁,可以帮助他们比较轻松地理解新的学习内容,从而达到有意义的建构。

6. 工具支架

对于一些比较难以理解和抽象的概念和知识,教师可以提供一些能够变抽象为直观的工具支架,用学生较为喜闻乐见、较为直观的方式帮助学生理解。在支架式教学的过程中,学生还有进行交流的需要,因此教师应该提供一些可以帮助学生表达思想的交流工具。这种支架可以是多媒体课件、图形处理工具、Flash 动画,还可以是知识库、挂图、会话、展示平台、共享平台软件及一些硬件工具。

7. 定位支架

学习者有时并不能很清楚自己的学习目标或任务目标,在学习过程中就会显得迷茫和无助,教师应该在一开始就向学习者清楚阐明学习者应当达到的目标及任务,这样学习者就可以很明确地了解自己的潜在发展区。同时教师可以帮助学生进行自我现有水平的定位,从而使他们了解自己与目标的差距。通过这样清晰的定位支架,学习者不断进步,不断重新定位,最后达到目标。

8. 信息支架

现在是一个信息爆炸的时代,教师可以设置信息支架,提供一些可以获取信息资源的方式,如提供一些网站或参考书籍等,帮助学生在较短时间内完成收集信息的环节,并对信息的遴选方式进行一定的指导,帮助学生培养信息的分类和分析能力。

9. 评价支架

评价可能是出自教师对学生，也可能出自学生对学生甚至学生对本人的自我评价。能成为支架的评价都是形成性评价，可能表现为情感上的鼓励、赞许、认同或质疑，这都有助于激发学生的学习积极性和学习兴趣或学习斗志；也可能表现为指出认知上的不足之处或错误之处，提出有益的建议，这又有助于学生及时纠正自己的偏差，降低失败的概率，从而提高学习的效率。

此外，还有对话支架、向导支架、图表支架、时间支架、产品支架等多种形式，在此不一一赘述。

（二）特殊性支架

1. 文化支架

学习语言就是学习文化，因此文化支架在语言学习的课程中尤为重要。只有让学习者对所学语言的文化有一个深入的理解和认识，对不同文化的差异和由此导致的语言差异有一定的分析和理解能力，这样的语言教学才是成功和长远的。适时的文化支架可以帮助学生更好地理解语言的含义，从而更好地在实践中使用该语言，避免由于文化的不同而出现语言的误用。文化支架可以培养学生的反省能力和思考能力，使学生具备更强的语言运用能力和文化包容度，提高学生的整体素质。

2. 情境支架

支架式教学本身就是一种情境性教学，强调在情境中设立支架。英语课对语言实践的要求，使情境支架的使用更为重要，学生在一种相对逼真的情境下积极主动地参与语言学习活动，可以更好地理解和运用语言，使教学效果达到最大化。

3. 语法支架

在英语学习中，语法就相当于语言的一个框架。一个架子搭好了，往里面填东西就容易了。在英语学习中，学生往往会在句子结构方面有所欠缺，因此无法把自己的意思比较准确地表达出来。教师可以及时给予一些

第六章　多元文化教育背景下的大学英语教学方法

公式性的语法支架，把一些句型的搭建形式呈现给学生，使学生可以更快地完成句子的组合，同时避免由于两种语言的差异而可能导致的中式英语的出现。

4. 文体支架

不同的文体有不同的特点，学生在语言的学习中会发现有些文体很难把握，这时，教师可以对文体的特点和一些常见的用语进行总结和梳理，这一工作也可以由教师提出，请学生自己协作探究，通过总结文体特点和分析差异，学生在文体支架的帮助下就可以更好地理解和运用不同的文体，在不同场合使用得体的语言。

以上是笔者根据支架式教学在高职英语课堂的实际应用时所使用的支架以及平时研究学习总结出的适合英语课堂使用的支架形式。其中的一般性支架和特殊性支架都可以使用于英语课堂，特殊性支架仅仅只是在性质上更具英语教学特色，但并不是说不能使用于其他学科。支架形式其实多种多样，这里的总结应该还无法涵盖全部。只要是有助于协助学生跨越最近发展区达到潜在发展区的，就都可以称之为好的支架。

三、基于建构主义视角的多媒体在英语情境教学中的应用

迅速发展起来的现代教育技术，尤其是多媒体技术为英语教学提供了新的学习平台，多媒体辅助英语教学将成为英语教学发展的必然趋势。多媒体技术的运用将图文、声音甚至活动影像汇集起来，使学生的阅读对象除了能以文字和图片的形式展示之外，还可以用动画、视频资料等形式把一些抽象而复杂的问题直观地反映出来，如同身临其境，其形象的表达工具有效激发了学生的学习兴趣，充分调动学生的主体性，提高了学习效率。由此，多媒体辅助英语情境教学越来越多地引起了人们的关注。

（一）基于多媒体技术的英语情境教学的内涵

英语单词 multimedia（多媒体），源于 multiple（复合、多样）和 media

（媒体）的组合，即其本身的含义即是将多种媒体进行有机组合形成的一种新的媒体应用系统。通常我们所说的多媒体教学是把计算机与其他教学媒体相互连接，在使用过程中同时运用幻灯片、投影、录像等方式，使多种媒体有机地贯穿教学的全过程。并且随着此技术的发展，人们利用计算机交互式地综合处理文本、图画、图像、声音、形象等多种信息，建立彼此连接的系统，使之具有综合性，形成兼容性的操作环境，形成一种身临其境的情境。

情境教学法源于 1920 年前后，始于学者帕尔默等人在英语教学法的科学化、系统化方面的大量研究，在此基础上形成的更加丰富完善的教学体系。所谓情境教学，是将学生置于真实语境中学习真实语言，情境法也就是视听法，通过观看动感的画面或情境，使学生犹如身临其境，感受颇深。

多媒体教学正好满足了情境教学的各项条件，它改变了传统教育的单向传递的情况，采用图形操作界面，具有人机交互性。多媒体计算机辅助英语教学，也就是在英语教学中把影像、图形、音画及文字等多种媒体信息动态地引入教学过程，按照教学要求进行有机地组合，形成合理的教学结构并呈现在屏幕上，然后完成一系列人机交互操作，使学生在最佳的学习环境中进行学习。这样的学习环境有利于因材施教，有利于学生能力的培养和智力开发，有利于培养学生的创新精神。

美国教育家曾说过："真正的学习就是让学生经历、体验和再创造。"多媒体教学技术可以模拟大量现实、生动的场景，理论联系实际，使学生在虚拟的学习场景中获得与现实世界较为接近的学习体验。多媒体辅助英语教学可以使教学活动集文字、声音、图像、动画等功能于一体，有利于营造良好的语言学习情境，能最大限度地调动和激发学生学习的积极性和主动性，提高教学效率。

（二）多媒体技术下英语情境教学的理论基础——建构主义理论

建构主义源于瑞士心理学家皮亚杰关于认知规律的研究，他得出的结论是，在认知与周围环境相互作用的过程中，逐步建构起关于外部世界的

第六章 多元文化教育背景下的大学英语教学方法

知识,进而发展了自身的认知结构。随着教育学、心理学理论的深入研究,以及教育实践的不断深化,建构主义理论在多媒体情境教学中得到了广泛的应用。

传统学习理论强调知识传授,把学生当作知识灌输对象,而建构主义理论不同于传统教学模式,要求建立符合信息社会要求的新的教学思想和教学模式。建构主义理论强调教师与学习者之间的协作与会话,只有教师对教学过程、教学内容进行良好的组织,以及对学习活动进行精心的指导,学习者的学习,才能不再盲目。

从1990年以来,随着建构主义学习理论研究的深入以及多媒体计算机技术和网络通信技术的飞速发展,建构主义学习理论日益受到教育界相关学者专家的重视。建构主义学习理论已经成为当今英语教学改革和革新传统教学手段的主要理论基础。

建构主义学习理论强调以学生为中心,而不是以教师为中心,即知识不是通过教师传授得到的,而是学习者在特定的情境即社会文化背景下,在教师的帮助下,利用必要的学习资料,通过建构意义的方式获得的。

建构主义理论指导下的教学更注重学习者的自主能力和主动获取知识的能力的培养和发挥。教师不再是知识的直接传授者、指示者、专家和权威,而是学习者有效学习过程中不可缺少的引导者、帮助者、协作者等。也就是说,学习者的自主学习是以教师自始至终的细心组织、引导和指导为前提的。学习者是自己的知识的建构者,他们的知识建构活动直接决定着教学效果,因此他们是学习的主人。教师的核心作用不在于给学生传递知识,而在于如何引发和促进学生的知识建构活动。

(三)基于建构理论有效实施多媒体英语情境教学的建议

基于上述理论,现提出若干建议如下,希望有效结合运用于英语教学中,以期产生良好的教学及学习效果。

1. 提高教师应用多媒体技术的能力

英特尔公司CEO克瑞格·贝瑞特曾经提出,如果教师不了解如何更加有效地运用技术,所有与教育有关的技术都将没有任何实际意义。

因此,作为英语教师,不仅要努力提高传授英语知识的技能,还应主动学习多媒体辅助教学的相关理论和方法,尽快熟练地掌握有关教学设备的使用方法,熟练而灵活地利用多媒体课件巧妙地展示活动任务。

课件是否能结合学生实际,满足外语教学需要,是否能发挥硬件功能,是多媒体辅助外语教学取得良好教学效果的关键因素之一。因此,教师需通过培训等方式提高其应用多媒体技术的能力。在学习多媒体课件制作理论、熟练掌握一种多媒体课件制作工具和有关素材制作工具的基础上,鼓励教师间的技术交流,建立和丰富多媒体课件资源库,减少制作成本,提高使用效率。

2. 构建以学生为主角的课堂学习及反馈模式

结合上述建构理论,课堂的主角是学生,要以学生为主体。在教育过程中,以学生为中心,充分发挥学生的主体性,将自己的认知结构不断从一种平衡发展为新的、更高层次的平衡状态。在教学过程中,学生如果能积极参与课堂教学,将使学习的效果事半功倍。

多媒体具有直观的、图文并茂的感官刺激,学生在这种愉快而轻松的学习氛围中更容易积极参与教学活动,激起内在学习的欲望。反馈是学生接受教学信息、学习教学内容后的各种反应。教师不仅要注意授课过程中学生主动接受的情况,还要注重学生的信息反馈,并要根据反馈的信息来调整教学方法等。根据学生的学习反馈,教师可以得到课堂学习后的第一手直接资料,并因材施教,再应用到教学中,形成课前、课中及课后系统化的教学模式。

3. 建构情境创设,提高学习效率

情境创设和协作、会话、意义建构一起成为学习环境的四大要素。在新的教学模式指导下的设计,其目的在于激发学生的学习兴趣,提高他们的认知、感受、想象、创造的能力。

心理学的研究表明,人们对世界的感知认识总是首先注意那些最新的信息，因为它们具有刺激性和吸引力。爱因斯坦认为成功的教育在于激发学生"对于对象诚挚的兴趣和追求真理与理解的愿望"。兴趣是学生学习与研究的直接动力，同样，学生对多媒体的兴趣也在于它能否提供新的信息。

在英语教学中，多媒体课件的情境创设要善于创新，富有变化，既要让情境与学生的生活经验有一定的联系，又要有新的信息的刺激，在学生想不到的地方出现新的情境，对情境的内容、媒体的运用、组合的方式等都应该富有新意，让学生进入一种情境就获得一种新的体验，得到一种新的发现，并在愉快的氛围中提高学习效率。

四、情境教学中的评价

教学评价是大学英语教学的一个重要组成部分。全面、客观、科学、准确的评价体系对于实现课程目标是十分重要的。它不仅可以为教师提供有益的反馈信息，帮助教师了解教学效果，改进教学方法，提高教学质量，还可以帮助学生了解自身的学习状况，调整学习策略，提高学习效率。

教学评价不仅包括以标准化考试为代表的终结性评价，也包括以学习为目的、注重学习过程的形成性评价。目前大学英语教学中普遍使用的评价方式有水平测试，成绩测试，如期中考试，期末考试。这些测试本质上属于终结性评价。终结性评价是检验教学成果的一个重要手段，但是却不能对教学过程做出评价。

美国教育学家布卢姆（Bloom B.s.）认为"形成性评价是在教学过程中为了获得有关教学的反馈信息，改进教学，使学生达到掌握知识的目的所进行的系统性评价。"也就是说，形成性评价可以弥补终结性评价的不足，通过形成性评价的评价方式，教师可以及时获取反馈信息，调整教学方法.促进学生高效学习。

（一）现行大学英语教学评价体系存在的问题

笔者结合自己的教学实践，得出目前我国现行大学英语评价体系主要存在以下问题：

1. 评价概念过于简单

教学评价一直被大部分教师简单地理解为教学测试，在教学实践中，教师往往根据期中测试或期末测试的分数给学生进行一个简单的评价。

2. 评价主体过于单一

目前的大学英语教学中，实施评价的主要是任课教师或相关的教学行政管理部门。作为评价对象的学生则很少参与其中，这种评价方式在很大程度上忽视了学生在学习中的主体性、能动性和创造性。

3. 评价内容重知识轻能力

对于传统的重知识轻能力的现象，现行的大学英语评价体系并没有得到多少改观，仍然是只注重学生对知识的理解和掌握，忽视了对学生学习的过程、方法和学生的情感态度的评价。这种只看重结果，不重视过程的评价方式忽略了对学生的学习能力、创新精神、学习态度等方面的评价。

4. 评价功能缺乏激励

目前虽然许多教师承认评价是教学的一部分。但却只将评价看作是检验学生学习结果和教师教学水平的手段，只注重评价的检验和验证功能，这使评价分割在教与学之外。在这样的教学过程中，教学评价的主要目的和功能通过评价把学生分成三、六、九等，难以发挥教育评价的改进与激励功能。

5. 评价结果缺少反馈

目前的课程评价绝大部分是关于测试的，教师关注的是测试的实施、试题的设计。对于测试的结果只是进行简单的统计与分析，写出分析报告，很少能给予学生及时的反馈。

6. 评价方式过于单一

目前大学英语教学的主要评价方式是包括期中测试，期末测试和以CET-4、CET-6为代表的水平测试。传统的教师在实践中仍然过多依赖终结性评价，不注重形成性评价，不重视对学生的学习过程进行评价。

（二）在大学英语教学中采用形成性评价的必要性

鉴于上述现行教学评价体系中存在的问题，在大学英语教学中采用形成性评价是十分必要的。

1.形成性评价的优越性

形成性评价贯穿学生学习的整个过程，是对学生日常学习过程的表现所取得的成绩以及所反映出的情感、态度、策略等方面的发展做出评价。与终结性评价相比，它具有明显的优势。

（1）评价主体更加多元化。形成性评价则强调学生的主动参与，使学生由被动评价的客体变为积极评价的主体，加强评价者与被评价者之间的互动，鼓励学生自我评价与同学间的互相评价，这可以促使他们对自己的学习过程、方法进行回顾、反思，从而培养学生学习的主动性与积极性。

（2）评价内容更加全面。形成性评价的内容是全方位的，评价的是学生学习的全过程。它不仅注重评价学生对知识的掌握情况，也重视评价学生的学习态度、学习策略及情感因素等方面。

（3）评价方式更加多样化。形成性评价的方式更加多样化，它可以通过教师对学生的课堂表现进行观察做出评价，也可以通过课堂讨论、学生日记、作业与小测验、调查问卷及访谈等对学生进行评价。

（4）评价结果具有反馈作用。由于形成性评价是在学生的学习过程中进行的，因而能够及时地反映学生的学习情况，给学生提供反馈。更重要的是，它可以帮助学生建立自信心，激发和培养学生的学习兴趣，帮助学生养成良好的学习习惯。同时教师也能得到及时的反馈。能够及时了解学生的学习情况和需要，以便调整教学内容和方法，从而提高教学效果。

2.采用形成性评价的必要性

教育部2004年颁发的《大学英语课程教学要求（实行）》中明确提出"教学评估分形成性评估和终结性评估两种"，这为我国大学英语教学评价体系的改革指明了方向，即改进现存的以终结性评价为主的评价方式，增加形成性评价的内容。

形成性评价注重对教和学过程进行多层次、多元化的分析判断。能够为教学双方提供及时、真实的诊断性信息，有利于教和学过程的完善和发展。高等院校的大学英语教学不仅要求培养学生的英语综合应用能力，还要注重培养学生的自主学习能力，而这种能力的培养难以通过单一的终结性评价实现，这就需要在教学中发挥形成性评价的作用，为学生提供更多自我表现的形式和机会，使学生的知识和技能得以更加全面的施展。

形成性评价作为一种随时向教与学提供反馈的评价方式，它的优越性已受到越来越多的人的关注。它是一种以学生为中心的评价，可以最大限度地促进学生的自主学习，同时使教师不断更新自己的教育理念。评价体系作为大学英语教学的一个重要环节。传统的终结性评价已不能完全适应改革的需要，而形成性评价恰恰可以适应促进学习者学习的策略，提高其学习兴趣，增强其学习动机。

第二节 交际教学法

一、大学英语情景交际教学法的兴起与发展

（一）当代大学生英语水平分析

英语作为国际社会交流中使用最广泛的语言，其重要性不言而喻。大学英语的教学目标是培养学生的英语综合运用能力特别是听说能力。我国大部分地区的学生都是从小学三年级开始学习英语，但是由于初高中繁重的升学压力，教师往往注重的是知识点、语法和词汇知识的传授，而对学生的语言综合运用能力和听说能力训练不足，导致大部分学生学的是沉默英语，考试可以得高分，真遇到老外却说不出几句完整的外语。

进入大学以后，很多高校的英语教师还是遵循传统的教学方式，分析课文—讲解语言点和词汇语法—做练习巩固所学知识。学生在课堂上被动

地听课，课后花大量时间去记忆语法规则和语言点，很少有机会能真正运用所学到的语言。这就使很多大学生英语听说能力很差，学了十几年英语却不敢开口。

要想真正学有所用，教师必须改变传统的授课方式，尽量在课堂上创设情境，利用情境的生动性和形象性，激发学生的学习兴趣和表达欲望，让学生在情境中学会组织语言，在情境中训练开口说英语的能力，通过情境交际来培养学生听、说、读、写、用各方面能力的全面发展。

（二）何为情景交际教学法

情景交际教学法近些年被广泛关注，很多教育专家都把情景教学法作为第二外语教学的有效方法。语言学家克鲁姆说，成功的外语课堂教学是创造更多的情境，让学生有机会运用自己学到的语言材料。

清华大学英语系教授刘世生也曾提出：情景教学就是通过设计出一些真实性和准真实性的具体场合的情形和景象，为语言功能提供充足的实力，并活化所教语言知识。教师根据教材内容需要，在具体情景中呈现语言，为语言提供运用的场所，使每句话都有对应的场景，在情景中让学生通过视听来感受所学知识，培养英语思维能力，通过实践提高听说能力，培养真正用英语交际的本领。

（三）情景交际教学法在教学中的实践方式

情景交际法要求教师根据教学内容，创设多形式多元化的情境，创造、模拟母语的学习环境，营造氛围和意境，引导学生积极参与练习，在情境中了解词汇的意义和用法，在训练过程中多问、多说、多练、多交流，通过完成任务产生语言习得。教师多用启发式教学，是情境的设计者、导演者、指挥者，学生是活动的主体，是实践者和表演者，教师应从交际的实际需求出发，创设类似实际的情境，让学生置身于英语的环境中，激发学生的主动性和创造性，积极运用所学语言表达自己。

1.利用课堂材料创设情境

大学英语教学中，精读课占据很重要的地位。上精读课时，教师通常会讲解词汇的用法，语法要点，长句、难句，分析课文的内容和段落层次，文章体裁等，但对于在何种场合、何种情景下运用这些语言，学生往往不是很明确。这就需要教师认真分析教材，力争做到精讲多练，通过设计语言情境来呈现教材的重难点，让学生有尽可能多的课堂时间进行语言能力的训练，从而掌握语言。充分利用小组分工合作等形式，给学生提供运用所学语言的机会。还可以让学生就课文某一话题分组讨论，就文章的观点发表自己的看法等。

2. 通过角色扮演创设情境

教材中很多实际应用的文章都可以通过角色扮演来给学生创设情境，加强学生对语言的操控能力。比如学习关于求职的文章，可以让学生分别扮演求职者和面试者，根据课文内容和自己的实际情况设计对话，分组进行角色扮演。还有关于旅游、采访等的很多内容都可以通过角色扮演来给学生增加实践的机会，这样的操练会让学生更有真实感。语言内容不仅仅是课本知识的再现，而且要加上自己的观点和看法，要像在真实的现场一样去自如地运用英语来表达自己。在角色扮演时，要重视东西方文化交际方面的差异，适时地向学生介绍国外尤其是英美的文化风俗、风土人情等背景知识，使学生真正掌握和英语国家人士交流的本领。

3. 通过游戏设计来创设情境

为了提高课堂教学效率，吸引学生主动参与和积极互动，教师可以请学生帮忙设计游戏，以便更好地运用所学词汇和句型，比如猜词，填词，英语诗歌比赛，演讲比赛，连词成故事等。教师可以让学生用当天所学的几个重要单词编小故事，进行故事比赛，让学生在一个个精彩的故事中掌握了知识。通过游戏能提高学生学习的兴奋性和参与意识，在快乐的气氛中巩固所学的知识。

4. 通过多媒体等现代化教学手段辅助创设情境

视频、投影、幻灯片等现代化的教学手段能形象地再现情境，使学生真正有身临其境的感觉，加深学生对语言的理解和运用。因此教学中要善

第六章 多元文化教育背景下的大学英语教学方法

于利用多媒体等现代化教学手段,多让学生接触原声英文电影,原版的优秀书籍和标准的英美广播,让学生能了解语言在真实情境中的运用,从而提高英语的综合运用和交际能力。

外语教学的过程就是语言交际能力习得的过程。语言学家海莫斯说:"语言教学的最终目的是培养交际的能力。"要让学生在听、说、读、写等方面掌握英语,教师应注重情景交际教学法在教学中的合理运用,使情景设置与交际活动统一融合,为学生的语言应用创造条件,让学生真正地做到学以致用,达到用英语交际的目的。

二、交际教学法在大学教学中的应用

目前,综观我国大学英语教学现状可以发现,我国的大学英语教学大多是采用"语法—翻译"教学法,教师主导课堂,学生处于被动地位,主要以传授知识为主,注重词汇和语法条目的讲授,课堂教学中交际活动很少,加上英语等级考试的影响,英语教学也侧重等级考试辅导,学生运用英语进行交际的能力较弱。为了提高学生的英语交际能力,交际教学法越来越受到大学英语教师的关注和青睐。近年来的教学改革基本上都强调采用交际教学法的重要性,强调教学应以学生为中心,加强对学生的主体意识和积极性的培养。教师在课上应引导学生进行语言交际实践,使学生在实践中学习语言、获取知识,并具备一定的交际能力。

(一)交际法教学法的概念

交际教学法(Communicative Language Teaching Approach)也叫作"意念法"(Notional Approach)或者"功能法"(Functional Approach)。在 20 世纪 70 年代,由美国社会语言学家戴尔·海姆斯(Dell Hymes)提出。交际法以语言功能项目为纲,以培养学生交际能力为基础理论。

其核心思想是:语言教学的目的是培养学生使用目的语言进行交际的能力,语言教学的内容不仅要包括语言结构,还要包括表达各种意念和功

能的常用语句。交际教学法认为,人对语言有两种能力:

一种是语言能力(Language Competence),也就是人具有说出语音语调和遣词造句的话语功能;

二是交际能力(Communicative Competence),即根据交际的目的、对象、内容、语境、身份等讲出恰当的符合语境的话语的能力。具备了语言能力,不一定具备交际能力,语言能力是交际能力的一个重要组成部分。

(二)交际教学法的优点

交际教学法相对于传统的"语法—翻译"教学法有着显著的优势。传统的教学法只重视英语语法条目和词汇的讲解,教师整堂课讲解语法、篇章结构,学生被动地听,不利于学生英语学习兴趣的培养。学生学了十几年英语,最后还是"张不开嘴",这就违背了英语教学的目的。

而交际教学法以培养学生运用语言进行交际为目的,奉行英语是一种交际工具。它以学生为中心,以学生的语言实践为主线,引导学生积极参与到教师创设的语境中来,在交际中提高学生的英语应用能力。

首先,交际教学法有利于激发学生的学习兴趣、主动性和互动性。由于交际教学法是让学生在与人交际的过程中学习英语,这样,更能激发他们积极的学习兴趣和主动参与的意识,从而主动地、积极地学习并体会到成功的乐趣。

其次,交际教学法注重学以致用,培养语言的运用能力。语言学习的过程,不仅是知识积累的过程,更是素质和技能的提高。语言教学的目的是培养和发展运用语言与他人交际的能力。交际教学法强调以语言交际为教学原则,倡导让学生在与人交际的过程中学习英语,这有助于真正培养其语言的运用能力。

第三,交际教学法转变了传统语言教学中的学生角色和单一教学行为和方式。由于交际法强调语言教学要为学生的交际需要服务,所以,学生由原来的"配角"变为"主角",处于更为积极、主动的地位。同时,交际法以语言功能、意念交际活动为内容,教学过程变为双方或多方交际过程,

第六章　多元文化教育背景下的大学英语教学方法

而交际活动不仅重视语言，更重视非语言表达手段的应用，如动作、体态和表情等。所以，交际教学法又适应了现代语言教学中多样化的教学手段的实施和运用。由此，交际教学法一经诞生，就展示出其他教学法无可比拟的优点。

（三）交际教学法的不足

然而，在交际教学法的实施过程中，也面临着一些理论与实践的困境和问题。

首先，语法教学的忽视。用母语教授外语，以翻译和机械练习为基本手段，以学习语法为入门途径，注重语法规则的讲解和操练的语法翻译法曾在传统外语教学法中占据主导的地位。交际教学法强调对英语交际能力的培养，鼓励学生在情境中积极操练，淡化语法的教授，打破了语法知识的系统性。但事实上是，词汇和语法是语言交际的基础和框架。没有语法，语言就没有逻辑性和根本，也就不可能达到交际的正常效果。而且，交际的目的也是为了获取知识。所以，交际教学法中依然不可忽视语法教学。

其次，语言环境的缺乏。交际教学法的出发点和归宿是培养学生的英语交际能力，而交际能力的培养和发展需要历经无数的交际过程，也就是说需要进行交际的英语环境。然而，对我们中国人来说，英语的"非母语"条件限制了用英语交际的自然环境。仅靠有限的英语课堂教学时间和难得的某些情境（如英语角、各种竞赛），使得交际教学法的实施效果大打折扣。

另外，当前外语教学评价体系存在缺陷。评价体系是教学的衡量器，又是导航器。在当前，不管是终结性评价还是形成性评价，考试都是评价教学的重要手段。

交际教学法强调英语语言学习重在培养和提高学生的实际运用能力，但是现行的考试制度和考证风潮又迫使教师和学生以考试为中心，围着考试转，而把以交际能力为目的的教学方式和学习方式晾在一边。尽管现在的大学英语应用能力考试和四、六级考试制度都进行了改革，但离交际教学法的要求还很远。

（四）交际教学法的优化

1. 教师要积极转变角色，变主体为主导

外语教师的角色应该是：控制者、评估者、组织者、提示者和参与者。我国大多数英语教师在课堂上是从头讲到尾，学生很少有表达的机会。在实施交际教学法时，教师一定要积极转变自己在课堂上的角色，由主体变主导。由课堂上从头至尾的讲授转变为组织学生进行各种交际活动，控制课堂教学进度，对内向胆怯的学生予以积极鼓励、提示，使其积极参加课堂活动，同时巧妙地避免出现少数学生主宰课堂交际活动的现象并保证不挫伤这部分学生的积极性。

2. 教师注重语言结构性知识与功能性知识并重

交际教学法在弥补结构教学法对语言运用的忽视的同时又淡化英语语言的结构性知识。即过于注重意义而忽视了语言的形式和结构。而实际上语言形式和语言意义是同等重要的，彼此不可偏废。因为虽然语言意义是教学的最终目的，但语言形式是达到这一目的的必要手段。偏颇了哪一方最终都不能实现对英语语言的学习和使用。因此，需要同步重视语言习得的结构性知识和功能性知识。

3. 教师要精心设计交际活动

交际教学法的核心是交际活动，通过双方、多方交流来学习语言。因此，教师应结合学生实际，如英语基础、个性特点、教学条件等，精心设计切实可行的课内外交际活动。

（1）课堂场景设计。教师要给学生提供真实、丰富、多样化的情境，如：实际生活情境、想象情境等。使学生在语言情境中感受英语，而不是仅仅进行简单的句型操练。

（2）交际范围的多样化，如单人、双人、小组等不同范围内实施英语交际。同时，应确保交际所用语料的多样化，如笑话、趣闻轶事、歌曲和影视等，从而使学生获得更多的锻炼机会。

（3）充分利用第二课堂。良好的外语课外学习环境、课外活动环境和其他学科的外语应用环境是课内交际语言教学的有益补充。

4.教师要重视文化教学，培养跨文化交际能力

任何语言都不能脱离一定的社会文化而独立存在。在社会生活中，如果单凭具备语言能力，而不了解文化差异、不具备语用能力，依然是不能顺利、完全地进行交际活动。因此，教师必须重视语言教学中的文化教学，理解跨文化交际能力的价值，在语言教学的同时进行文化教学，在交际型教学法的实践中适时进行不同文化的分析比较，避免以本国文化的思维定式去套用目标语。唯有如此，外语学习者才能培养和发展符合英美国家社会文化、规范和习俗的交际能力。

5.学生要积极转变课堂角色，由被动变为主动。

在传统教学模式中，教师是"教"的主体，学生是"学"的主体。学生要变被动接受知识为主动学习。在交际教学法中，学生的主体地位应该体现出来。具体表现为，在课堂上为学生增加更多的表达、交流的机会。学生在课堂上任何关于学习的需求都应尽可能得到满足。另外，学生还应成为"信息反馈者"。比如，学生应就课堂教学环节的设计是否合理、活动的组织是否可行等向教师进行反馈，以便教师优化教学活动，提高学生参与活动的积极性，提高交际教学法的效用。

培养学生运用语言进行交际的能力是我们的教学目标。交际教学法这一教学理论，有着其自身的利与弊。在大学英语教学的过程中，我们应扬长避短，通过多种优化手段充分发挥其优势。交际教学法使学生获得更多表达、交流的机会，使学生在教师精心创设的场景中主动学习，逐渐提高运用英语进行交际的能力。

三、在自然班级中应用交际教学法的对比实验

近年来，高校规模不断扩大，生源主要来自高中生、中职、中专，以

及技校生，尽管学生学习英语已有3到9年的时间，但是由于传统的"以教师为中心"的"应试教育"模式多以抓"过级率"为眼前目标，而忽视了学习语言的真正目的即终极目标：实际应用。因此，绝大多数高校学生普遍存在"沉默英语"现象，这无疑违背了英语教学目的，给英语教学工作带来极大挑战。

因此，交际教学法应广泛应用于英语教学中，提高学生的实际应用英语语言的能力。《高职高专教育英语课程教学基本要求》（以下简称《基本要求》）指出："高职高专教育英语课程的教学目的是：经过180—220学时的教学，使学生掌握一定的英语基础知识和技能，具有一定的听、说、读、写、译的能力，从而能借助词典阅读和翻译有关英语业务资料，在涉外交际的日常活动和业务活动中进行简单的口头和书面交流，并为今后进一步提高英语的交际能力打下基础。"这实际上为实施交际教学法提供了政策依据和指导思想。

（一）大学英语交际教学法的理论依据

语言学基础是"20世纪70年代根据语言学家海姆斯（Hymes）和韩礼德（Halliday）的理论形成的交际教学法，又叫功能法或意念法，旨在培养学生的听、说、读、写技能和用语言作为工具的交际能力，为各种交际活动服务，从而达到交流沟通的目的"。

心理学基础是人本主义心理学和20世纪60年代后期兴起的心理语言学。交际教学法强调以学生为中心，首先要分析学习者对第二语言的需要，教学内容和教学方法的确定都必须从学习者的需要出发。交际教学法还认为，学习者在言语中出现一些错误是正常的也是不可避免的现象，学习者所追求的不可能是完美无缺的交际，而只能是有缺陷的但有效的交际。因此，对学习者的语言错误不应苛求。

近年来，交际教学法已发展成为全世界影响较大的外语教学法流派。顺应时代发展，根据《基本要求》，高职高专大学英语教学必须打破"沉默英语"局面，培养学生简单的口头和书面交流能力，并为今后进一步提高英语的交际能力打下基础。

(二) 交际教学法的教学特点

1. 教学目标

功能和意念相结合,培养交际功能。学习语言的目标是从学生的日常生活和未来工作的实际需要出发,培养正确地、得体地、创造性地运用语言的交际能力。

2. 教学过程

教学过程交际化。在课堂教学过程中利用"Discussing""Role play"等形式实现教学过程交际化,在课外活动中充分发挥"English Corner"的作用,教师和学生尽量在真实的交际环境中进行沟通、互动,达到交际的目的。

3. 教学主体

以学生为主体。交际教学法强调教学要为学生的交际需要服务。传统式的以教师为中心的"填鸭式"教学方法早已不适应学生的交际需求,课堂教学应鼓励学生积极参加各种交际活动,激发学生交际热情,促进学生掌握语言知识和培养学生的语言运用能力。

4. 教学手段

教学手段多样化。交际教学法主张采用多种教学手段,教师在教学过程中应正确利用"教学包",即教师用书、辅导读物、磁带、挂图、录像、电影、电视等,使教学过程多样化,加强课堂教学交际的真实性。

5. 教学环境

教学环境情景化。课堂教学情景应尽量真实化,让学生在逼真的情景下模拟交际。用英语进行实际交流,是交际教学的精髓和目标。

6. 教学态度

教学态度以"宽容"为主。学生在学习过程中难免出现语言应用错误,因此,在不影响交际的前提下教师对学生应采取适度的宽容态度,尽量鼓励学生发挥言语交际活动的主动性和积极性,并且学会在犯错中吸取教训,获取经验，迅速成长。

（三）结合《21世纪大学实用英语》第一单元对交际教学法的教学意见

《21世纪大学实用英语》系列教材根据教育部颁发的《高职高专教育英语课程教学基本要求》编写，包括《综合教程》《综合练习》《教学参考书》。《综合教程》每单元包括导语和三大板块，听说板块、读写板块和实用板块。

Part I 为导语，对每单元三大板块的内容做了一个简单的概括，让学生了解本单元的大概内容和知识结构，引导学生为接下来的学习做好准备。

Part II 为听说板块，主题是自我介绍。

第一步，在进入听力练习之前，教师可以先对学生做自我介绍，突出自我介绍的重点句型和要点，让学生在了解教师的过程中，模仿口语表达。

第二步，鼓励学生进行一对一或向全体同学介绍自己，注意彼此间所用的表达方式，尽量让师生在自然、融洽的气氛中相互了解，达到交际的目的。

第三步，进入听说训练，教师重点讲解自我介绍的口语句型。

第四步，再次让学生进行自我介绍，此时，提醒学生注意对照先前自己所用的口语表述。在此环节中，学生能及时纠正之前的错误表述，并且能够准确运用刚刚所学的口语。

第五步，此环节为课后练习。要求学生广交益友，把自己和朋友之间的自我介绍过程拍摄下来，分享给朋友、同学和家人。这样既达到交际的目的又增加了学习乐趣，能有效地激发学生的学习和交际的热情。

Part III 为读写板块，由与"大学新生生活"主题相关的三篇文章组成：Text A 为精读材料，有导入、口语、阅读理解、词汇、结构、翻译等各项技能训练；Text B 为泛读材料；Text C 为扩展阅读材料，课文后均配有与课文相关的练习。以 Text A "College——A Transition Point in My Life" 为例：

第一步，导入部分。要求学生谈谈对大学新生生活感到兴奋和担忧的事情。教师可以先播放拍到的新生入学第一天的画面或视频自然地导入话题，涉及的要点有美丽的校园、图书馆、老师和同学、寝室、饮食、学习等多方面，在讨论的过程中，缩短了新生之间的距离，加深了彼此的了解，也让教师对新生的生活和学习状况有所了解，有利于课堂和班级管理。

第二步，课文讨论。在对新词用法进行必要的学习后，进入课文阅读和讨论阶段。先结合课后讨论习题，以学生为主体对课文"College——A Transition Point in My Life"展开小组讨论，在讨论的过程中，要求学生使用所学的新词汇或口语表达，教师应以一个参与者和观察者的身份积极地参与到各个小组中，倾听他们的讨论并适当地参与话题，对于学生所犯的语言错误，教师可采取宽容态度，运用重复表达提示学生注意自己的语言运用。

第三步，课后练习。针对本单元"大学新生生活"的主题，要求学生对自己"新生的一天"进行十分钟的"情景再现"表演，并配以音乐、解说等背景，这种方式既激发了学生的学习、生活热情，又巩固了新词汇和语言的运用。

Part IV 为实用板块，是根据高职高专英语教学的特点，提供以提高职业技能和素质为目标的实用训练，包括语法练习、实用写作和基本阅读技能等内容。此板块的训练最终也是为交际打基础，为交际服务。

本文结合《21世纪大学实用英语》第一单元的内容，以交际教学法为理论依据提出自己的教学意见。交际教学法最大的优点就是能让学生成为"主体"，能最大限度地开发和培养学生的语言交际能力，但是在实际教学的过程中，也不可避免地遇到许多问题，如教师本身的语言能力和交际能力是否能胜任交际教学法，高职高专学生是否具备基础的语言应用能力、大学英语大班教学模式是否有利于交际教学法的有效实施以及教学评价体系是否与交际教学法配套。最大限度地发挥交际教学法的优势，是一项艰巨且充满挑战性的工作。这需要教育工作者把理论和实践相结合，反复验证，不断总结，最终才能探索出真正切实有效的交际教学法。

（四）交际教学法与语法翻译法的关系

随着科学技术的发展和市场经济的影响，国际交流和贸易活动不断增多,尤其是近年来中国入关、入世的前景为大多数人所看好,社会对具有一定外语水平的人才的需求不断增加。语言学习者不再单单满足于发展语法能力和阅读能力,而是迫切需要提高听、说、读、写的语言综合应用能力。

1. 语法翻译法及其优劣势

(1)语法翻译法之所以能有辉煌的历史,是因为它有着自己的可取之处。

①语法翻译法以语法为中心,可以帮助学生打下较为牢固的语法知识基础,使学生的表述较为准确。

②语法翻译法在教学过程中充分利用母语优势,能帮助教师节省时间。在教学中有很多复杂的结构和抽象的概念,用母语解释起来较容易且较直观,学生也易于接受。

③语法翻译法重视阅读和写作,因此有助于书面技能的提高。

④由于母语的介入,语法翻译法对教师和学生的压力相对小一些。

(2)随着社会的进步和理论的发展完善,传统的语法翻译法有时不能适应需要,曾经受到猛烈的批判,因为它自身存在着一些不足。

①它过于强调语法规则和语法结构,而忽视语言技能的培养。在语法翻译法中,阅读课成了语法分析课,语法课更是只啃语法的条条框框,学生只是机械地通过强化训练记忆语法规则和词汇,但无法在交际场合将其正确、流利地运用。

②它只注重书面形式,忽视了语言使用能力。往往学生学到的是"沉默英语",只会读、写,不会听、说、运用,其结果只能是语法讲得头头是道,英语讲得结结巴巴。

③语法翻译法的教学过程较为单调、枯燥,教学步骤常常是固定不变的。

④教师自始至终控制着课堂,一个人在滔滔不绝地讲,而学生的地位过于被动,很少有机会表达自己的想法。

2. 交际教学法及其优劣势

当社会的发展和科学的进步使国际交流大大超出书面阅读的时候,人们发现一些传统的诸如语法翻译法之类的外语教学法已不能适应时代的需要，因此语言学家们便开始寻找新的教学方法。

交际教学法是作为语法翻译法的对应物而提出来的。它是一种以语言功能项目为纲，以发展交际能力为目标的教学方法体系。它重视培养使用外语进行交际的能力。交际能力不仅指运用语法规则生成正确语法的句子的能力，而且包括能在特定的交际场合正确且恰当地使用语言的能力。

（1）交际教学法有很多优点，因而成为风靡一时的教学法，并在许多教学实践中取得了成功。

①交际教学法重视发展学生的交际能力，注重学生的语言知识在具体交际场合的灵活运用，改变了"学无以致用"的情况。

②交际教学法的教学形式给学生提供了运用语言的真实情景，发展和提高了学生听、说、读、写的综合能力。

③交际教学法能创造融洽、自由的课堂气氛，使学生从古板、枯燥、压抑的课堂中解放出来，寓教于乐。

④交际教学法发展了学生的话语能力。与以教师为中心的传统教学法不同，交际教学法使学生更多地参与语言运用活动，学生接触到的和使用的不再是孤立的词汇和句子，而是连贯的表达。

（2）交际教学法的缺点：

①功能—意念项目多种多样，没有统一的标准和规定的项目；以功能为主编写教材，打乱语法本身的系统，增加了学习语法的困难。

②如何处理语言能力和交际能力的关系，如何处理语法体系和功能大纲的关系仍有待解决。

③课程设置、考核、教法方面还存在着许多问题；在起始阶段，交际教学法使习惯于其他方法的学生感到困惑；同一功能可用多种形式表达，如何选择和取舍，没有客观标准，需要在实践中去探索，不断加以发展和完善。

3.翻译教学法和交际教学法应取长补短、优势互补

外语教学的最终目的是使学生掌握和使用这门语言，而这个目标只有通过大量的实践活动才能达到。因此教师必须要求学生尽可能多地接触这门语言，多听、多读、多说、多写。所以，如果我们在课堂上单纯用语法翻译法，那么将导致学生开不了口，成了"沉默英语"，无法进行交际。

而反之，如果我们在课堂上单纯地用交际教学法也会导致"非标准英语"，实际上也无法进行有效的交际。显然，交际教学法和语法翻译法的存在都有各自的必要性和合理性。它们虽以不同的理论为基础，但在教学方法、教学目的、教学过程上并不对立，而是各有所长，可以互补和结合。

我们应该充分地利用交际教学法的优势，改善传统的语法翻译法，在传统的课堂上科学、合理、渐进地引进交际教学法，注重两者的取长补短，充分发挥两者的优势，实行两者的有机结合，从而提高英语教学质量。

实践证明，高质量的教学要有合适和有效的教学方法作保证。在教学过程中所采用的教学法比其他因素更为重要，因为它决定着教学的效果。然而在外语教学过程中使用什么样的教学方法在很大程度上取决于具体情况。

情况不同，教学方法也会随之改变，所谓"一劳永逸"的万能教学法是根本不存在的。正如 Asher 指出的那样：教授第二语言过程中存在的许多问题不可能只依靠一种方法就都解决了，要想长久保持学生的注意力和学习兴趣，方法的多样化是其关键所在。因此，教师不能拘泥于单一的教学法，必须了解各教学法的特点、技巧，根据特定的教学目的、教学任务、教学对象和教学阶段进行优化选择，综合运用各种教学法，将国外外语教学的先进理论与我国外语教学的实际情况相结合，努力建立起适合我国国情的外语教学法体系。

四、交际教学法在英语分层教学中的初步探索

独立学院作为一种新型的办学模式得到了迅速地发展，但还处于摸索的阶段。其学生基础较为薄弱，尤其是非英语专业的学生英语基础相对较

差。根据笔者对所任教的 100 名非英语专业学生所做的英语学习调查问卷中显示：仅有 21% 的学生每天坚持花半小时在英语学习方面，学生对英语的学习兴趣不高，但有 90% 的学生表达了想学好英语，迫切提高英语的应用能力，尤其是听说能力的强烈愿望。

但在我校实际教学中，由于种种原因，传统教学仍占据较大比重。课堂教学没有摆脱老师唱主角的模式，造成一部分学生认真听讲，埋头做笔记；一部分学生精神不集中，玩手机甚至昏昏欲睡的局面。在这种模式下，字、词的讲解和句子与语法结构的分析成为教师的教学重点。虽然这种模式有助于帮学生打下牢固的基础，有利于提高他们的理论水平，但不利于提高语言的交际能力。

《大学英语课程教学》中指出要重点培养学生的英语综合应用能力，特别是听说能力，使他们在今后的学习、工作和社会交往中能够用英语有效地进行交际，同时要实现从以教师为中心、单纯传授语言知识和技能的教学思想和实践，向以学生为中心、既传授语言知识、更注重培养语言实际应用能力和自主学习能力的教学思想和实践的转变。

如何提高学生的交际能力，已成为英语教学工作者共同面临的问题。交际教学法抓住了语言是交际工具这一本质特征，让学生能更多地参与课堂教学，轻松、自然地接受知识和提高能力。

（一）交际教学法概述

交际教学法可称为功能教学法、意念教学法或者功能—意念教学法，是 20 世纪 70 年代根据语言学家海姆斯（Hymes）和韩礼德（Halliday）的理论形成的，是全世界影响较大的外语教学法流派。交际教学法重视培养学生的语言应用能力，鼓励学生多接触和使用外语。

交际能力这一概念是由社会语言学家海姆斯针对乔姆斯基的"语言能力"提出的。他认为，一个人的语言能力不仅包括乔姆斯基提出的能否造出合乎语法句子的语言能力，而且还包括能否恰当地使用语言的能力。由此他首次提出了包含语言能力和语言运用两个方面的交际能力。

交际教学法认为语言的基本功能就是作为交际的工具，语言教学的理想目标就是培养交际能力。交际法所强调的是语言的功能，语法结构被放在不同的功能范畴之下，其特点是将语言的结构与功能结合起来进行交际教学，学习者通过语言的形式能达到交际的目的。

（二）大学英语读写课程实施交际教学法应遵循的教学原则

1.课堂教学应体现以任务为中心而不是一味地以讲语法、做练习为中心。建立以任务为中心的交际教学模式，让学生学会如何利用语言实现交际的目的，完成交际任务。"让学生投入到解决问题的任务中去，把任务作为有目的的活动。"

交际教学法的重心就是在课堂活动中以任务为中心，将交际教学法贯穿于整个课堂，而不是只侧重于结构、功能或概念的东西。

2.在交际教学课堂中，教师需优化交际任务，创设语言情景，进行有目的、有意义的语言实践活动，激发学生的学习积极性，正确地运用语言表达思想。

3.教学各个环节都应体现以学生为中心的原则，强调学生的主动性和相互作用，而不以教师为中心，从而可以最大限度地保证学生的练习时间和练习量。在课堂教学中，教师需充分理解教学中的交际法原则，扮演好促进者、组织者、参加者和学习者等多重角色，营造良好的师生关系等。而学习的任务要靠学习者自身去完成，这就要求学生应主动地、活跃地参与各项语言实战活动，培养自身的交际能力、思维能力和分析能力。

4.运用非正式的评估和测试，把学生平时的课堂表现、作业完成和任务完成情况、单元测试、期末考试成绩等一起结合起来检验教学效果，获取反馈信息。

（三）交际教学法在《大学读写教程课堂》中的实践

《大学英语读写教程》由若干个单元组成，每单元围绕某一个确定的主题有A、B两篇课文和一段100字左右的预览。A篇设有听力活动部分，文后配有包括课堂讨论、词汇、语法、完形填空、语篇分析、翻译和写作在内的多项练习。B篇有阅读技巧介绍和课文相关的练习。笔者认为交际教学法应贯穿课堂教学的始终，围绕每单元一定的主题进行教学活动，分步实现教学目标。

结合独立学院及学生的英语水平和读写教程的特色，采取课前任务、课中任务、课后任务、跟进任务的交际课堂教学模式。本文将根据前面提到的原则，以第四册第四课课文"A The Tele-communications Revolution（电信革命）"为例，具体实践如何在课堂教学的四个阶段实施交际教学。

1. 教学目标

教师在教授新的单元时，都应制定教学目标，确定具体的教学方法，精心组织课时和内容。该课的教学目标为：掌握课文大意；理清文章结构，提高学生语篇分析能力；分析课文中的写作技巧并进行仿写，提高学生的写作能力；掌握课文中的语法难点和一些新的词汇和词组，完成课后练习。

2. 课堂教学实践

（1）课前任务。通过恰当的导入，应用或提供相关的背景知识，提供有关阅读策略，激发学生对该主题的阅读兴趣；通过对标题的思考，或给出对课文内容、结构形式理解的任务表，预测文中内容，鼓励学生勇于表达自己的观点，进而对该主题产生兴趣。

在这个单元，教师采取图片导入法。运用一张放大且较直观的课文图片，以简短对话开场，引入交际法教学。（简称T-S）

①老师问："What puts on the central position of the picture？"学生回答："It is a computer."

②老师问："What connects to the computer？"学生回答："Telephone/email/fax machine/mobile phone etc."

③老师问："What's the function of those modern equipments？"学生回答："sending messages or making telephone calls etc."

教师板书communication，引出了本单元最重要的一个词。电信革命的目的之一就是让人更好进行交流和沟通。接着，教师组织学生进行小组讨论。几乎所有学生都积极参与，开动大脑想出了很多有趣的答案，使得原本比较枯燥的一篇说明文学习也充满了乐趣。

为进一步强化学生学习该课文的意识，教师让学生们对比"traditional ways of communication VS modern ways of communication"，学生从时间、速度、选择性、携带信息量、安全性、准确性等方面提出自己的见解。整个课堂气氛活跃，学生踊跃发言。教师趁机总结："既然时代在进步，传统的交流方式有这么多缺陷，那么需不需要改革啊？"几乎所有的学生都说有必要，之后自然进入到课文电信革命的学习。

（2）课中任务。速读一遍获得文章的大意，定位文章的主题句或每个段落的主要大意；第二遍定位具体的信息，就文章的理解和困惑之处进行交流；第三遍训练学生对组织结构的把握，对相关主题进行写作训练。通过训练学生运用阅读技巧的能力，提高学生的阅读能力，提高他们对英语语言的掌握及运用能力。

在这个阶段，主要采取教师精讲、学生多练的原则。教师通过少量的精讲帮助学生获得文章大意，找出文章的主题句进而分析文章的篇章结构，给学生提供练习综合技能的机会。

（3）课后任务。课后活动给学生提供更多的练习机会，帮助他们扩展已学过的知识图式。组织小组或班级课堂讨论；学生独立完成各项练习；检查学生的回答情况，讨论答题中不尽如人意的地方；针对学生理解课文中产生困惑的不同原因，实施不同的教学策略。加深他们对课文的深层理解，提高他们对语言的驾驭能力。

在这个阶段，教师主要侧重于课后课文理解讨论题、单词和词组的练习、选词填空、词语搭配、句型结构、翻译、语篇分析以及完形填空等多种练习的检查和操练。这些习题有针对性地练习巩固已学过的知识技能，能进一步提高学生英语综合应用能力。

（4）跟进任务。采取探讨与内容相关的话题、续写结局、用自己的话概括课文、角色扮演、模拟面试、辩论等形式，或介绍与主题相关的名言警句，将听、说、读、写结合起来，重点培养学生的迁移能力和综合运用能力。

在此阶段主要进行与本单元主题相关的演讲，既让学生学以致用，又锻炼了学生的听力。

3. 评估

整个单元完成之后，教师进行了本单元测试（52人参加）。测试内容涵盖听力，阅读理解，听写，词汇选择，完形填空和作文。对比非实验班级同样人数，平均分高出4.10分。

更令人欣喜的是，在写作部分，统计使用课文中出现的词汇、短语和句子结构达10个以上的学生有15%；达6个以上的有75%；没有使用的是0人。从这点可以看出，交际教学法有利于课堂效率的提高，有利于学生的语言输出，使学生能较好地学以致用。

以学生为中心，采取课前、课中、课后、跟进任务等步骤，分步实现教学目标的交际课堂教学受到了学生的欢迎，调动了学生参与课堂的积极性，课堂气氛活跃，课堂教学效果明显，学生学习英语的积极性大大提高，有利于培养学生分析问题、解决问题和用英语进行交际的能力。

第三节　自主学习法

一、自主学习教学模式与实践分析

自主学习的目的是使学生能全方位地扩大视野，多角度地汲取各种营养，立体地投身于丰富多彩的信息世界，从而在科学地组合各种信息的过程中发展自己的个性和特长，成长为素质高、能力强、善创造的适应时代发展需要的人才。

(一) 活动化模式

利用游戏、竞赛、排演小品等活动和拍摄课文录像、观摩原版 VCD 等教学手段激发学生的学习兴趣。

比如在《食品和饮料》这一章节中，笔者利用游戏的方法让同学复习所学过的食品和饮料，第一个同学说出他喜欢吃的东西，第二个同学重复第一个同学的话，并在其基础上加上自己喜欢的食品或饮料，但不能与前面同学所说的内容重复，以此类推，使得句子越来越长。学生不仅要积极思考自己所学过的食品或饮料的名称，还要记住前面同学所说的内容，这样，既复习了所学的知识，又增强了记忆力，调动了学生学习的主动性，比直接让学生去背单词和词组更高效。

笔者还曾经在班上开过一节英语主题班会，内容为"保护环境"，其中就运用了多种多样的活动手段，如小品、朗诵、竞赛等来激发学生的学习兴趣。学生在这一系列的活动中提高了自己运用语言的能力。

活动化模式能激发学生的学习热情，使学生主动地投入到各项活动中，并在活动中有所获。

(二) 信息收集模式

在平时的教学中笔者经常引导学生收集与所学内容相关的信息。笔者引导学生从图书、期刊、名著、百科全书等有关资料中收集信息，并进行筛选、归纳、比较，形成有助于理解课文的资料，这也是一个很有效的模式。

(三) 小专题学习模式

把相关课文"捏成一团"进行学习，比较其中异同，运用各种研究性学习方法，使课文内容得到延伸、扩充，笔者把它称之为小专题学习模式。比如在上到"打电话"这个主题的时候，笔者先让学生比较中国人与说英语国家的人打电话的不同。

在西方，接电话者先自报家门，并说出自己的电话号码，而在中国接电话者会问："你是谁？"我还要求学生注意打电话时，英语国家的人把"我"称为"this",而把"你"称为"that"。这就像平时我们中国人打招呼时习惯问:"你上哪儿去?"或"你吃了吗?"而英国人却经常以"Nice weather, isn't it?"开始寒暄一样,体现的是一种文化的差异。

让学生思考在日常生活中打电话会碰到哪些现象,同学们不一会儿就说出了许多,如:要找的人就是接电话的人,要找的人不在需要留口信的,等等。提出了问题,接下来就是如何解决问题了,针对各类场景,该如何组织对话,这是同学们需思考解决的,老师在一旁加以辅导、点拨,使得学生们学会了一系列接打电话相关的表达方法。这样就把这一系列的知识融会贯通了。牛津英语的特点是每个章节都有自己的主题,可以利用这一载体来扩充课文的内容。

(四)小组训练模式

该模式使参与者面临一种未经过建构的学习情境。小组成员努力为自己确立有意义的任务并努力完成。

如在教授《保护环境》这一章节时,我考虑适当拓展,搞一次专题的学习。我首先把整个班级分成四组,要求每一组定一个相关的专题,最后四组同学分别确立了自己小组的专题为:animals, water, air, land and forests. 各小组根据指定专题自己安排八分钟左右的内容,查找相关的资料,到上课时进行展示。每组都积极发挥了自己的主观能动性,他们不但构思新颖,而且用英语写出了自己的小品、对话、故事、谜语等等内容,我只是帮他们稍做修改。

学生通过专题学习感受到合作学习的愉快,并学到了很多英语词汇。

小组训练的学习是建立在那些共享的、公共的、即时的、直接的、第一手的尚未概念化的和自我认识的经验基础之上的,对比之下,对过去的所谓共享,即老师给予的,小组训练更能激励参与者相互分享他们的反应和情感。

最后,想说的是,在以上四种教学模式的具体操作中,往往是综合地运用其中的几种,而不能简单孤立地看这些模式。学生在教师的引导下自已努力钻研、探究所获得的自我领悟，在其学习中发挥了相当大的作用。哪怕学生的自得自悟的能力还不够全面、深刻，作为教师也应当坚持让学生自主学习，这对提高其解决问题的能力有着不可估量的意义。

二、大学英语自主学习探析

布鲁纳认为："知识的获得是一个主动的过程，学习者不应是信息的被动接受者，而应是知识获取的主动参与者。"苏联教育学家苏霍姆林斯基也说过这样一句话："教育的真谛在于教会学生学习"。这两位教育家一个是从学生获取知识方面来说的，一个是从教师的教学方面来说的。

虽然出发点不同，但他们都是一种以培养和发展受教育者主体性为主要特征的教育，它是根据社会发展的需要和人的发展需要去实施的一种教育。它重在启发和引导学生内在的教育要求，创设宽松、和谐、民主的教育环境，有目的、有计划地规范和组织各种教育行为和教育活动，从而把学生培养成为能够自主地、能动地、创造性地进行认识活动和实践活动的社会主体。

（一）自主学习的理论基础

自主学习是指"学习者自我管理学习的能力"，也被定义为"学习者独立做出选择的能力和意愿"。能力是指具备为自己的学习做出选择的知识和实现这个选择所需要的技巧；意愿是指为自己的选择承担责任需要的动机和信心。自主学习包括两个层次，前摄性自主和反应性自主，前者控制活动方向及活动本身，而后者在活动方向被指定的前提下控制活动。

自主学习教学模式并不等同于自学，也不是无教师主导的教学。它是一种以学生为主体，以教师为主导的既培养综合语言运用能力又注重发展自主学习能力的全新教学模式。在这种全新的教学模式中，教师的角色发生了重大的变化。教师不仅要将知识组织清楚地呈现出来，而且更主要的是能创设良好的学习情境，激发学生的学习动机，引导学生将当前所学知识与已有的经验联系起来,成为学生进行自主学习的帮助者。

(二)大学英语自主学习的必要性和迫切性

大学英语课程是高等院校本科素质教育的重要组成部分,是提高学生专业素质、文化素质的重要途径之一。大学英语教学要以教会学生怎样学习为目标,不仅要让学生熟练地掌握听说读写的外语技能,还要教会学生如何学习外语的策略,使之成为独立自主的外语学习者,通过外语学习逐步获得终身学习,不断获取新知的潜能和由此带来的无穷乐趣,从而使其受益终身。

面对新世纪的挑战,适应科学技术飞速发展的形势,一个人仅仅靠在学校学的知识已远远不够,每个人都必须终身学习。终身学习能力成为一个人必须具备的基本素质。在未来发展中,我们的学生是否具有竞争力,是否具有巨大潜力,是否具有在信息时代轻车熟路地驾驭知识的本领,从根本上讲,都取决于学生是否具有终身学习的能力,使学生在基础教育阶段学会学习已经成为当今世界诸多国家都十分重视的一个问题。

正如联合国教科文组织出版的《学会生存》一书中所讲的:"未来的文盲不是不识字的人,而是没有学会怎样学习的人。"而终身学习一般不在学校里进行,也没有教师陪伴在身边,全靠一个人的自主学习能力。可见,自主学习能力已成为21世纪人类生存的基本能力。

学习效率的提高是实施素质教育的关键,更是课堂教学所必需的。课堂上的自主性学习并非独行其是,而是指学生不盲从老师,在课堂前做好预习,课堂上热情参与,课后及时查漏补缺,充分发挥主动性、积极性,变老师要我学为我要学,摆脱对老师的依赖感。真正意识到学习是自己学来的,而不是教师或其他人教会的,自己才是学习的管理者,这些有助于提高课堂学习效率

(三)教师在自主学习中的作用

1.重新认识并调整外语教学中教师和学生的作用和角色

外语自主学习的核心是"以学生为中心"。这是因为学习归根结底是

学生自己的行为，学习效果好坏是体现在学生自己身上的。教师的作用应该是为学生创造学习环境，提供语言实践机会，协助学生制定学习目标和任务，设计课堂学习方案，咨询和指导学习过程，评估学习成果并提供有效的反馈。教师不再扮演无所不知的权威角色，而是一个管理者、协调者、咨询者和评估者的角色。同样，学生的角色也不再是被动地接受知识，而是在教师的指导下，主动地参与学习，制订学习计划，完成学习目标，并在此过程中进行自我管理、自我评估、自我激励，既要掌握学习内容，更要掌握学习方法，成为有独立学习能力和发展潜能的终身学习者。

2. 启迪探索，适时点拨，培养学生迁移知识的能力

建构主义理论认为，"知识不是通过教师的传授得到的，而是学习主体在一定情景下借助教师和学习伙伴的帮助，利用必要的学习资料，通过意义建构的方式获得的。"因此，在教师帮助学生发现和形成自己的问题时，不光要进行适当的点拨，还要注意运用一题多问、一题多思、一题多解、一题多变等方法，启发学生根据自己已有的知识结构，从不同的角度，沿不同的方向，进行不同层次的思考，使学生真正掌握学科的规律，形成迁移知识的能力。这学期为了培养学生迁移知识的能力，笔者在进行英语教学工作时，在充分了解每个学生的认知水平和认知特点的基础上，根据座次把班内学生按四人一小组的形式分成很多个学习小组，让他们在小组内交流自学的情况，提出自己在学习过程中所不能解决的或新发现的问题。小组中仍不能解决的问题，再由小组代表提出，全体学生共同讨论，直到达成共识。这种学习方式，能够使学生看到问题的不同侧面，对自己和他人的观点进行反思或批判，从而建构起新的或更深层次的理解。同时，合作学习还有助于因材施教，弥补一个教师难以面向有差异的众多学生的教学不足，从而真正实现使每个学生都得到发展的目标。

（四）自主学习的形式

1. 基于网络的大学英语自主学习

自主学习过程中教师充分利用网络，将教学内容及材料分类成若干任

务存放在系统上，让学生通过信息收集、综合分析、抽象提炼、反思等环节来自主学习与学科相关内容。在这种形势下，教师不教给学生现成的系统专业知识，而是让学生自己去探索，对知识加以分析、理解、综合，达到知识的内化。网络自主学习过程中，彻底改变传统教学中学习者被动接受的状态，而使学习者变得积极主动，培养大学生进行网络探索学习的能力，能有效地激发他们的学习兴趣和创造性。这种方式有利于培养学生分析问题、解决问题的能力，并达到对知识的全面理解和吸收，促进学生对知识的主动建构。教师在整个过程中起到了设计任务、监控、实时和非实时指导、归纳信息反馈、总结困难的作用。最后根据教师掌握的情况、归纳的信息进行课堂面授，内容主要包括：词汇、语法、句型、技巧以及反馈的疑难问题。

2. 基于讨论的大学英语自主学习

讨论是一种有效的自主学习形式，也是促进学生进行知识建构的良好途径。这种讨论一般由教师发起，教师为课程设定不同的问题，学生根据自己感兴趣的问题进行发言，并能针对别人的意见进行评论，每个人的发言或评论都能被所有参与讨论的同学看到。教师在讨论过程中进行组织引导、并监督学生的讨论和发言符合教学目标的要求，防止讨论跑题。

讨论方式不仅可以是在线实时讨论，也可以是异步非实时讨论。若网上讨论中提出的问题具有普遍性，教师还可以适时在课堂教学中进行指导，帮助学生学习。这两种学习模式在自主学习中是穿插进行、相辅相成的，在该模式下学生作为学习的主体主动学习，又作为学习小组的成员参与了协作学习。在此过程中，学生的主动学习始终得到了积极的鼓励和强化；而教师作为学习的组织者、支持者、帮助者参与其中，体现了教师指导、引导、辅助和诱导的作用，使教师成为名副其实的"导师"。

自主学习是教育的最终目的，学生在不同的环境下有不同的自主学习需求。自主学习不是恒久不变的，它会随着时间、科目及条件等因素的变化而变化，是一个持续发展的过程。因此，在英语教学中应用自主学习的重点应在于提高学生对自主学习的认识，担负起自己在学习中的责任，学会如何学习，这将使学生在学校生活中，甚至一生中受益匪浅。

三、大学英语自主学习质量监控途径探析

许多学校建立起自己的语言学习中心，让学生充分利用中心网络资源进行自主学习。随着大学英语自主学习在各高校顺利展开，学生的自主学习质量的好坏日益成为教学的焦点。怎么有效监控学生学习的效果，如何进行学习质量的监控，是我们需要认真思考的问题。

（一）大学英语自主学习面临的问题

学生的主体意识不强，自主学习能力较低。英语现代教学论确立了学生在教学中的主体地位，肯定了学生在学习活动中具有积极主动的主体意识、认知结构，具有积极吸收外界信息自我调节的功能。

但在实践中，很多学生的自主学习能力还很差。笔者对2008级2个班级（118名学生）在大学一年级教学一开始所做的统计是：重视课前预习并实施的比例为46%，上课后进行总结和重新学习重点、难点的人数为34%。而且这个数字会随着整个学期的时间变化而浮动。这些数字也会因为学习者的动机、自我评价等因素而变化。虽然预习与复习只是学生自主学习的一个小的方面，但如此低的比例足以表明学生的自主学习能力较差，自我监控意识薄弱。

新的教学理念要求英语学习向个性化学习、主动式学习方向发展，各大专院校积极建设自主学习中心和自主学习网站，为学生自主学习提供良好环境。然而，在自主学习中，学生因感受不到教师的注意力，导致学习的动力减小，学习兴趣难以提高，而且他们习惯了中学里在老师的督促下学习，即使有了良好的学习环境和丰富的学习资源，他们却不知如何利用，自主性学习能力普遍较低。

因此，除了为学生创造自主学习的时间和空间，营造良好的学英语的

第六章 多元文化教育背景下的大学英语教学方法

校园环境、帮助学生树立自主学习意识、帮助学生掌握自主学习的技能外，还要加强自主学习的过程监控。

(二) 大学英语自主学习质量监控途径

实施大学英语自主学习质量监控的思路是：在加强学习者对自我监控认识的同时，加强对学习者的外部监控，由较强的外部监控，慢慢减少，到完全自主，循序渐进，逐步引导学习者向自我控制下的学习过程转变，最终从本质上提升学生的自我监控能力和自学能力，实现有效学习。具体的实施策略包括如下几个方面：

1. 增强自我监控能力

自我监控（self-monitoring；self-regulating）自 M.Snyder 博士提出后，受到心理学界的广泛关注。他认为自我监控是一个人在自我表现方面的心理结构。具体来说，自我监控就是某一客观事物为达到预定目标，将自身正在进行的实践活动过程作为对象，不断地对其进行积极、自觉的计划、监察、检查、评价、反馈和调节的过程。

它强调主体对自己的思维、情感和行为的监察、评价、控制和调节。此后，相继有日莫曼和董奇、周勇对于自我监控的结构和范畴做了详细的研究，成为后来学者继续研究的奠基石。自我监控反映在英语学习上，主要是指学生为了保证英语学习的成功，提高学习效率、达到学习的目标，而在进行学习活动的全过程中，将自己正在进行的学习活动作为意识活动的对象，不断地对其进行调整和控制的过程。它是一个与学习者的知识、信念、动机和认知过程有关的，以信息的循环流动为特征的，审慎的，判断的，调整的过程。

自主学习的前提就是学生的自主监控，真正发挥学生的主体地位，从而优化学习过程和学习效果。首先，我们在学习活动之前就要做好充分的计划准备，明确学习任务、确立学习目标、制定实现目标的计划及对其监控等。之后，执行这些策略并对其进行监督。此外，学生要对自主学习效果不断进行检查和评测，发现学习中存在的问题，进而想出相应的策略来解决这些问题并提高学习质量。

2. 完善外部监控体系

（1）相互监控

学生相互监控可包括面对面互控和合作学习两种方式。面对面互控包括监控平时任务完成情况、课堂表现、努力程度和出勤状况等，以便对自己的表现进行不断的调整。合作学习也是相互监控的有效措施。合作学习是指促进学生在合作小组中彼此互助，共同完成学习任务。对于小组学习任务的完成情况可实行团体评分制，培养学生的合作感、责任感和相互的信任感，同时以小组为单位的活动，可以相互检查学生自主学习的效果，因为，小组成员之间要相互监督各自的任务完成情况。

（2）教师监控

在这种全新的自主学习模式中，教师要从思想上改变自己的传统观念，勇于创新，努力成为课堂活动的协助者、指导者。根据学生的实际状况，设计教学课件，帮助和鼓励学生根据自己的学习要求，制订合适的学习计划，同时积极创造条件，引导他们开展以小组为单位的自主学习活动。同时，任课教师对学生平时作业的质量可以进一步进行测评，从而帮助学生发现问题，指导学生改进自己的学习方法并提高学习效果。任课教师可以随时检查学生网上学习进度；可以进行随堂听说测验，检查自主学习内容的掌握情况。

（3）软件与网络监控

教师还可通过网络自主学习管理系统对学生的自主学习过程进行有效的监控。根据自主学习管理系统和具体情况，教师对学生网上自主学习效率的监控包括：教师随时检查网上的学习进度，并做记载，起督促作用；不定期地组织课堂讨论活动，学生做学习交流；每学期进行若干次随堂听说小测验，检查学生网上自主学习内容的掌握情况，并将网上学习的单元测试成绩和随堂听说小测验成绩载入平时成绩。

现在许多英语教材，如《新视野大学英语》都有配套的在线教学系统，这为学生的自主学习、个性化学习提供了非常有利的环境和条件，同时也有助于教师监控学生的学习全过程，并提供有效、及时地调整和帮助。在线教学系统不仅包括教学内容的传输，还有学生的学业管理模块；不仅跟踪学生学与练的过程，还自动记录学习情况。此外，在线教学系统充分利用网络实时和异时交互的工具，建立网上讨论区和电子邮箱，使学生能在网上实现互动交流，开展小组合作学习等。教师只要登录教学系统，打开"我的班级"，就能对每个学生课外自主学习和参加网上交互的情况一目了然。在线教学系统作为课堂教学的延伸、补充和加强，以系统的操作将学生课外自主学习的各项活动记录聚集在一起，动态地反映学生学习的全过程，这非常有助于教师了解、监控学生的课外自主学习情况，同时有助于教师进行纵向、横向的比较，及时采取措施帮助各个学生分析、解决学习过程中所出现的问题。此外，在线教学系统可以加强学生与教师之间的沟通。这样，教师与学生在课后也能保持密切的交流，否则学生就会有放任自流的感觉。

（4）测评监控

按照《课程教学要求》，教学测评分过程性测评和终结性测评两种。

①过程性测评

为了更好地掌握学生的学习进度，教师要阶段性地汇总学生的进度信息（包括当前进度、总学习时间等，辅导教师可以利用网络辅助平台查看学生各项成绩统计），及时给本班学生以必要的监督和指导。过程性测评包括：自主学习系统评分，学生自我测评，学生互相测评（《学生英语能力自评/互评表》），教师对学生的测评（平时作业、出勤等）等。

②终结性测评

对所有学生一个学期的学习进度、学习时间进行统计和分析、能够为教学管理部门制定和修改教学安排提供参考和依据，同时也能给英语任课教师制定各自的教学计划提供一定的参考依据。终结性测评指每学期的期中、期末考试。

测评监控是检测学生自主学习效果的一个重要手段。因而，我们要认真对待这种监控，不能让其流于形式。我们的测评体系应该真实反映学生的实际能力和水平，要以学习目的为目标，建立公正、公平的目标评测体系，真正实现对学生学习能力和学习效果的促进。

这种测评方法在所有测评方式中较为客观，可操作性强。自主学习模式对于学生实际能力的培养和学习效果的提高有着积极的推动作用。因此，在大学英语教学中，我们要大力提倡学生的自主学习观念，全面培养他们的自主学习能力，同时以关注学生的发展为根本，给学生创造自主学习的机会，培养学生的自主学习能力。

综上所述，自主学习是课程改革的要求，是全新的学习模式。教师必须深刻地认识到转换教学模式以及提高大学生英语自主学习能力的必要性和紧迫性，改变传统教学观念，创造自主学习英语的环境，同时还要使用多维的学习质量监控手段来对学生进行监督和指导，真正实施素质教育，促进学生英语水平和专业水平的全面提高。

四、大学英语自主学习评价体系的构想与实施

何为自主学习？Holed（1981）最早开始进行自主学习研究，他认为自主学习就是学习者在学习过程中能够对自己的学习负责，即学习者能够负责决策有关学习各方面的问题。他强调自主学习必须具备两个前提条件：一是学习者有能力并愿意负责管理其学习；二是他有行使这种能力的可能性。而Little（1991）则从心理学角度认为：自主学习从本质上说是学习者对学习过程和学习内容的心理关系问题，是一种超越、批判性的思考、决策以及独立行动的能力。

简言之，自主学习就是指学习者不依靠别人而独立自主地学习。其特点是：学习动机可自我激发，学习方法可自我确定，学习内容可自我选择，学习过程可自我监控，遇到问题可自我解决或懂得请教他人解决。

(一) 自主学习评价体系的构想与实施

1. 评价的特点

从理论分析来看，科学评价应该具备以下特点：评价功能的发展教育性、评价主体的广泛参与性、评价对象的全面综合性、评价方法的科学有效性以及评价模式的开放多样性。

2. 自主学习与评价的关系

大学英语自主学习如果脱离评价机制，几乎是毫无意义的，因为大部分学生由于专业课程任务重，学英语只为过4级，一旦通过，很少看或使用英语，他们不会把英语当成交际的工具去领会。据调查即便有少数同学过级后，还坚持自学英语的，通常也是那些想进一步考研或想在找工作时面试用得上。还有一种现象就是学生也按规定去自主学习中心学习，可是几个小时过后，发现他们要么在网上聊天，要么玩游戏或做一些与老师布置的学习任务无关的事情，最后请某同学把答案传到老师的信箱就完事了。他们相信老师也会给一个平时成绩的，但这样评价出来的成绩是没有意义的。

还有一种老师会这样说：因时间关系某些内容可能就不上了，期末也不在考试范围内，大家都是大学生了，相信大家的自觉性，希望能自己看完，扩大自己的阅读量。可是期末你去查查，发现几乎没有人读过这些内容。

所以说没有评价，或评价不科学，几乎等于没有自主学习的意义；自主学习因为科学的评价而存在。

3. 自主学习评价体系的构想与实施

（1）自主学习评价体系的构想

自主学习评价体系主要想将过程性评价与终结性评价结合在一起，且以过程性评价为核心。其理论主要基于：

①多元智力理论

多元智力理论是美国哈佛大学的发展心理学家加德纳于1983年在《心智的结构》一书中提出的。多元智力理论打破了传统的将智力看作是单一数理逻辑能力的看法。该理论认为每个学生都有自己的优势智力领域，有自己的学习类型和方法。全体学生都是具有自己的智力特点、学习类型和发展方向的可造就之才。多元智力理论所主张的教育评价，是通过多种渠道、采取多种形式、在多种不同的实际生活和学习情景下进行的，确实考查学生解决实际问题的能力，创造出初步的精神产品和物质产品的能力评价。

②建构主义学习理论

皮亚杰的建构主义理论认为传统的学生评价只考查了学生的初级学习的效果，很少考查高级学习的成果，在学生评价方法上主张采用多元化评价，学习应着眼于解决生活中的实际问题，应在具体情境中进行，学习的效果也要在情境中评估。对学生学习结果的评价建立在高度情境化的操作任务上，提倡采用"真实性评量"和"操作评量"等多元化的评价方法。

（2）自主学习评价体系的实施

基于以上理论，在实施自主学习评价的过程中，应尽量发挥学生的个性化发展，采用多元化的方式给予学生尽可能公正、公平、科学的评价。比如有的学生因为英语口语好，但笔试可能差一些，学校可以组织一些口语、话剧比赛之类的活动，让这些的同学加加分；当然也可以组织一些英美文化知识或四六级词汇比赛等活动，让那些口语不太标准的同学也能加加分。这样第二英语课堂活动也丰富了，平时成绩也有了，学生学习英语的兴趣自然会高涨。这方面桂林电子科技大学做得很好。2005年笔者在某大学做访问学者期间，有幸成为该校的英语故事朗读比赛的评委，结果发现很多故事都用PPT打出来，并注明作者是哪位同学，朗诵者是哪位同学。评委既要兼顾内容，也要兼顾朗诵的效果，如果获奖，作者和朗诵者都有功劳，可以预想他们在比赛前一定好好地自主合作过。

如果说扬州大学的大学英语教学改革的成功与他们耗巨资完善自主学习中心里的各种资源以及对教师的培训分不开的，我们完全相信。但是全国更多的院校可能没有巨资来建这样的中心，只要我们认真做到发展学生个性化学习的特点，因材施教，完善灵活有效的自主学习评价体系，大学英语教学也一定能成功。

（二）英语教学评价的案例分析

1. 案例背景

以北京经济技术开发区实验学校任教老师顾芳的可成为案例进行详细分析。英语组开展"加强英语课堂评价"的实验课题，要求教师注重在英语教学中利用评价手段激励学生学习，渗透评价意识，培养学生良好的学习习惯和学习兴趣。同组老师在平时教学中探索出了一些行之有效的评价方法和手段，如福娃、金话筒、变脸等，这些评价措施的使用，使英语课堂呈现出空前的热闹。但是通过实验教学发现学生对英语的学习兴趣远远强于学习效果。课堂上热热闹闹地学习，热热闹闹地表演，检查学习效果时却发现有很多学生都是滥竽充数，根本没有真正掌握英语，不会读英语课文，不会认英语单词，更别提用英语进行实际交际了。这就促使我们反思：到底如何运用好课堂评价？

2. 案例呈现

顾芳老师授课的内容是"Welcome to our school"。在她的教学过程中评价贯穿始终，更重要的是她把握住了评价的时机。

Teaching steps

Chant and Greeting

Lead students repeat two chants in book and give some suggestions about it.

Today our rewards are flowers and...（出示鲜花及其他的一些评价工具。）

Would you like to introduce our school use key words and useful sentences in unit 3? The first can get the flowers.（引导学生用学习过的单词句子。）

Our school is very beautiful./Our classroom is very clean...

（对表述清楚、发音好的同学进行表扬，并发一朵鲜花。）

Review the words about subject：

S：Science Social study Swimming. C：Chinese Computer and so on.（复习

单词的方法很好，很新颖，不枯燥，学生的积极性很高。）

　　Questions：Which room do you like best？

　　Answers：I like...best.（用图片的形式，直接而易懂。）

　　Show（评价自然，工具是笑脸贴图和鲜花。）

　　Review the sentences（由学生迅速陈列所学句型，并及时评价。）

　　Introduce our school（分组用所学句型介绍自己的学校，并对学生的介绍加以评价。）

　　Act the school for teachers whom come from.

　　Summary：How many flowers did you get？

　　How many stickers did you get？（总结评价非常流畅，没有浪费时间，是平时养成的好习惯。）

　　顾芳老师的教学评价具有以下几个特点：

　　（1）在刚开课时就出示本节课的评价工具，让学生对评价方法有一定了解，激发学生的竞争意识和学习热情。

　　（2）在复习单词时，对学生的正确读音给予充分肯定，既是对读得好的学生的一点儿激励，又能给学生一个很好的示范，让学生知道这才是正确的读音。

　　（3）当进行讨论的时候，课堂上有点混乱，这时老师对表现好的同学进行评价，能使课堂安静下来。这样就帮助老师组织教学，不需要老师费太多口舌就能达到事半功倍的效果。

　　（4）对学生在任务活动中的表现进行评价，使学生乐于完成任务。

　　（5）评价教具的使用很贴近课题及生活，用真实的康乃馨，等等，这些教具使评价具有直观性和可操作性。85%的学生能够正确、熟练、流利地运用句型进行交流、替换。

　　3.收获

　　（1）口头评价：用口头评价的方式评价个人或小组、班级。如简单的英语单词good，very good，good job，wonderful，excellent等，都可以让学生感受到老师对他的鼓励。

（2）以"笔"为主的评价：利用作业本中的简单评语或黑板评语。在作业批改过程当中，针对学生自身的特点，可以写一些简单的内心交流的话或鼓励、需要注意的问题等，事情虽小，但效果非常好。

（3）身体语言的评价：用微笑、目光、动作等体态评价。这样的评价方式既有效又节约课堂教学时间。

（4）物质评价：如评选"月学习之星"，佩戴微笑徽章。在课堂上发小奖品，如一块小小的糖果不仅会活跃课堂气氛、活跃学习气氛，更有利于课堂教学的顺利开展。

（5）"展出"评价：选出优秀或进步明显的同学的作业进行多种形式的展览。作业展览要与教学紧密结合，目标要明确。每次的展览，是偏重书写、格式、正确率，还是偏重技能训练等，老师要心中有数，要体现作业展览的计划性。作业展览，不仅使被展览同学受到激励，还能为他人树立榜样，提高全体同学的作业水平、实践能力。

（6）学生评价：让学生进行自我评价与相互评价。

第七章 大学英语教学的未来展望

第一节 我国大学英语教学的未来发展方向

专注于我国大学英语教学未来发展方向的研究事业，是利国利民的重要发展战略，既符合国家可持续发展的战略方针，又提升了大学生的个人素质。

一、大学英语教学发展方向研究的重要性

大学阶段，是大学生即将步入社会的一个必经阶段。在大学校园进行专业的知识文化培养，有助于未来工作生活的实践应用，能够满足学生对知识体系构建的需求。大学校园的学习生活，能够帮助大学生树立正确的人生观和价值观，使其养成良好的生活、工作习惯。大学英语作为大学教育的一部分，也具有相当重要的意义。大学英语专业知识的教学，能够为大学生未来的工作生活提供有效技能。针对大学生的英语教学课程不仅可以提高其自主学习能力，还能够提升其实际的英语交流能力。

研究大学英语教学的发展方向，可以帮助大学英语教学专注于教育意义工作开展，促进学生综合能力的提升，有助于学生未来的学习、生活以及工作。首先，研究大学英语教学发展方向，能够明确英语教学的目的，

为学生提供良好的沟通平台。其次，展开大学英语教学的发展方向研究，能够激发学生自主学习能力的培养，使之认识大学英语的实用性，然后专注到英语课程的学习中。再者，大学英语教学的重点是为国家培养综合型人才。确定了大学英语教学发展的方向，才能更好地建立完善的教学体系，促进大学英语教学体系的完善与教学效率的提升。

二、大学英语教学发展过程中存在的阻碍因素

传统教学观念是大学英语教学发展过程中的重要阻碍因素。传统教学模式中，英语教师为课堂主体，学生在课堂学习的过程中经常暴露出学习兴趣不足的问题。传统的教学观念不改变，传统的教学模式不被打破，大学英语教学的发展就不会顺利。

受应试教育的影响，大学英语教学很难在教学模式上有所创新。很大一部分教师仍旧只重视语法知识的教学，看重学生期末考试的分数，忽视对学生英语口语能力等方面的培养，导致学生学习兴趣不浓，难以积极面对英语学习，进而导致学习效果不好。

三、大学英语教学未来发展方向创新研究

首先，大学英语教学希望得到发展和创新，就必须要正确面对时代的进步，改变传统教学的弊端，积极创新英语教学模式，让学生成为学习的主体，积极自主地进行英语专业知识的学习。

其次，研究大学英语教学的发展方向，必须要坚持可持续发展战略。未来的大学英语教学，发展方向主要有两个，一是积极与发达国家互动，在互动的过程中了解先进理论；二是让学生运用专业的英语知识，学习西方国家的先进技术，掌握全面的知识体系并运用这些技能实现提升我国综合实力的最终目标。

再者，目前应试教育的局限性很大，阻碍了学生的思维发展。因此，大学英语教学未来的发展方向，应该致力于大学生个人能力的培养，促进学生思维能力的提升。

大学英语教学在发展的过程中遇到一些阻碍因素，这都是传统教学方式遗留下的问题。随着时代的发展，传统教学方式必然被取代，先进的教学方式的研究和实用性的教学方向的确立，最终会将英语教学带到新的高度，从而满足综合性人才的培养，满足国家未来发展需求。

第二节 个性化大学英语教学模式的建构

一、"个性化"教学模式：大学英语教学改革的主旋律

2007年9月26日颁布的《大学英语课程教学要求》（以下简称《教学要求》）提出了大学英语课程设置"要有利于学生个性化的学习"，充分考虑"学生入学水平以及所面临的社会需求等不尽相同"，要"制订科学、系统、个性化的大学英语教学大纲"，"朝着个性化（individual learning）和自主学习（autonomous learning）的方向发展"，能够"使学生选择适合自己需要的材料和方法进行学习"。这些提法的核心思想是"个性化的学习，以满足他们（学生）各自不同专业的发展需要。"

然而"个性化"这个改革的主旋律在《教学要求》修订和试行期间，没有受到青睐，"自主性"倒受到喜爱，并且有很大的市场。本文分析其原因是：客观上，2004年《教学要求（试行）》出台，正值我国高校扩招，学生数量猛增，英语师资缺少，教材建设滞后。由于有"自主性"的要求，教师的作用似乎不重要了，于是顺水推舟放弃了一部分教学责任和内容；主观上可能对"个性化"和"自主性"概念上的认识模糊，夸大了"自主性"，并"对国内开展自主学习的前景过分乐观"（何晓东，2004）；理论

第七章 大学英语教学的未来展望

上这种"自主性"学习有一定的依据（Dickinson，1992；Dickinson&amp；Wenden，1995；Holec，1981等）；在教学实践中有不少专家、教师（华维芬，2001；彭金定，2002；魏玉燕，2002；周新琦，1998；徐锦芬，2004等）探讨过这种学习方式在大学英语教学中的作用。那么到底大学英语教学改革的方向是"自主性"还是"个性化"模式？《教学要求》给我们提供了方向与依据。

二、"个性化"与"自主性"的比较

美国传统词典（双解）对 individuality（个性化）的释义是："The aggregate of qualities and characteristics that distinguish one person or thing from others；character choices that were intended to express his individuality.（个性、性情：强调作为个体的人或事物与其他人或事物不同的性质和特点；独特性：意在表现他的个性选择）"；对 autonomy（自主性）的释义是："The act or an instance of helping or improving oneself without assistance from others.Not controlled by others or by outside forces；independent.（自助自立：不通过来自外界的援助而自我帮助或提高的行为或事实。自治的：不为他人或外力所控制的）"。两个词的基本词义中有"个"和"自"，似乎是异曲同工，但我们理解"个性化"是指"一个人比较固定的与众不同的个性"，而"自主性"则是指"一个人独立地与他人无关的自主"，两者在各自的语义系统中显然还是属于不同的概念。

"个性化"教育是为了满足每个独特的个体发展需要，使其得到充分、全面、和谐发展的教育。"个性化"的学习应该是建立在基本学习方法之上的更适合个体学习特点、有利于专业方向、个性发展的方法。"个性化"模式依据大学生的个性特点、智力结构特征，以个别差异为出发点，以学习者兴趣与需要为中心，以学生学习能力与个性发展为最大目标，并在学校常规教育的基础上以学生知识库的构建、个性化学习资料的呈现和自主性学习安排为着力点,进行富有个性特征的培养。

"自主性"学习也包括了确定学习目标、内容、速度、方式以及对学习过程的监控与评价,但是 Holec 认为自主性学习有两个前提:

1. 学生有选择和决定自己学习的权利;

2. 有一个适合自主性学习的环境并能对自己的决定承担起责任(转引自徐锦芬等,2004)。

然而这些都是需要摆脱教学常规管理和教师的指导的,学生个体在自我管理的情况对自己的学习承担责任。显然对目前的大学生而言,无论是个性发展还是自主能力的培养,都受到外部客观世界的激励与制约。如果大学生完全靠"独立地自我管理、指导",那么教师的作用、教学的环境就确实没有存在的必要了。如果大学生没有个性特长,就不能满足社会各行业对专门人才的需求。

因此,"自主性"学习可以看作是一个违背教育常规的社会过程,一种在知识构建过程中的权力再分配和在学习过程中参与者角色的再分配,是排除教师作用的一种学习方法。Dickinson 认为:"不能把自主学习看成是新的教学方法,而是学习者把握自己学习的能力"。"自主性"的人是客观环境的支配者和控制者,而"个性化"的内涵是具有独立人格的个体,所以"自主性"和"个性化"有着本质的区别,前者是学习的手段和过程,充分体现出个体自主性学习的能力,后者是学习的目标和结果,体现出个体专业选择和职业发展方向。而"个性化"发展需要增强"自主性"学习的能力,更需要有符合"个性化"发展的教学环境、课程设置与教师指导。

三、以人为本的"个性化"

《教学要求》指出:大学阶段的英语教学要求分为三个层次,即一般要求、较高要求和更高要求,三个层次的语言技能分别从听、说、读、写、译五方面表现出来。这是充分考虑到学生英语实际水平、个性发展、社会需求等不尽相同，以及注意到人与人之间的差异性。因此，《教学要求》充分体现出以人为本的时代精神，旨在创建和谐的教学环境。

（一）差异性

个体差异的产生可能有各种各样的原因：第一，包括意志、个性、专业、兴趣等许多个性心理品质等非智能方面的差异是主要原因，而这种非量化指标对学生的智能活动在目前的大学英语教学中往往被忽视；第二，大学英语教学涉及不同的语言技能，技能需求的差异必须反映在每个学生英语知识的个人建构上；第三，学习评价通常是系统化的，但由于每个学生的学习目标不同，能力各异，表现出自我评价方面的差异。学生因此会表现出"按需所学"或"各取所需"的意愿，他们会对统一的教材、同一个教师、千篇一律的教学方式、不变的学习时间和地点"不屑一顾"。

（二）独创性

独创性是"个性化"的充分体现，具体表现在：第一，有个性发展的学生会主动参与整个学习的过程，了解常规的教学内容、教学手段和学习方式，并从中选择符合实际的、能满足个人学习需求的方式；第二，有敏锐的洞察力、独创的分析问题和解决问题的能力，对教学常规持分析和批判的态度，善于"删除"大学英语教学中对个体不合适的或难以顺应教学的内容，通过自主性学习来弥补，而不是"随波逐流"，任凭教师摆布，体现出个人的创新能力。

（三）协商性

知识是个体与他人经由协商并达成一致的社会建构，个体主动建构知识不代表可以任意建构，需要经过人际交往的社会过程才能转化为有可能的客观知识，这一过程不可避免地受到社会文化因素的影响。有的学生并不清楚自己的特点、学习的需求，这样，"自主性"无益于将来的发展。教师要随时观察他们的学习情况，针对学生的个性特点，挖掘个体学习潜能，判定学习者的学习倾向，帮助他们找到最能发挥个人的创造性，把个性与社会发展的统一要求转化为每一个学生的主观内在动力。

提倡大学英语教学"个性化"是因为学习个体有个性发展的实际需要和内在动力,"四化"建设需要"个性化"人才,而大学英语教学就是要为这种需求和动力增加滑润剂,使其运作得更加自如,使学生的个性发展更加完美,使外语学习与个人成长、职业规划和社会需求协调发展。

长期以来,大学英语教学一直重视统一的教学管理、共同的教学大纲、不变的教学手段、全国性的水平测试(CET4、CET6)等"集体意志"和"共同手段",却忽视了企业已存在的学生个体的种种差异,严重束缚学生个性发展,扼杀个人独创性。因为教师面对的并非是需求一致、学习目的相同、个性发展一致、职业规划明确、各种教学方式都适应的学生。

四、教师的作用

《教学要求》要求大学英语教学"要体现学生在教学过程中的主体地位和教师在教学过程中的主导作用",显然教师还是教与学过程的组织者和指导者,不能撒手不管,放任学生自学。教师除了传授知识还要把育人机制、培养方案和个性发展有机地贯穿于教学之中。这对传统的教学模式提出了新挑战,目的就是要构建和发展相配套的个性化教学模式,以下因素必须考虑其中:

(一)个性发展与目标定位

为了适合职业规划,增加一技之长,非英语专业的学生都是把大学英语当作"工具"来学习,将来是否需要外语这门"工具",用这种"工具"到什么程度取决于个人的兴趣、社会角色和职业定位。教师确实需要强调听、说、读、写、译五项技能,但绝不能强求统一,绝不能和个人发展与社会的需求相脱节。如果个性发展需求得不到满足,学习的主体作用得不到发挥,这样的教学是无效的。教师要帮助学生分析自我、树立自信,制定"量身裁衣"学习目标定位。在实施适合个性化学习的计划和方案时,既要保证学生在整个大学期间的英语语言水平逐步提高,又要有利于满足他们各自不同专业和职业的需要。

(二) 教学手段与教学资源

《教学要求》要求大学英语教学要"有利于调动教师和学生两方面的积极性",这就要求教师要创新教学手段、利用多样化资源。大学生英语"听不懂""写不好""说不了"现象并不是困扰英语教学的难题,我们恰巧需要探索怎样满足学生的个人需求,并根据学生的个人语言能力和兴趣,开设不同的课程,运用不同的教材,采用不同的学习模式,体现英语教学实用性、知识性和趣味性,让学生灵活选择,调动他们的学习积极性。教师应该和学生协商共建适应个性化学习的策略,尤其要注意"成功学习者与不成功学习者在策略使用方面的差异"(文秋芳,1995),在教学中尽可能提供翻译式、启发式、讨论式、抛锚式、支架式、交际式、研究式、自主式等策略。学生在选择教师、课程的同时,还可以选择各种文本、声音、图像以及互联网信息资源,完善个性化学习环境。

(三) 自主学习和合作学习

《教学要求》体现出语言学习的互动观。目前,大学英语教师演"独角戏"的局面还未改变,学生听教师讲似乎是天经地义的,各种双边互动活动非常缺乏。问题还在于课堂教学有较多的行政纪律规范,师生都有约束感。知识的建构是需要借助教师的帮助、情景的配合,通过同学之间合作、讨论、交流、互动和必要的信息资源的主动建构。因此,知识的传递已不局限于师生之间的互动,而是推延至学生之间的互动,新旧知识和经验的互动。学生应当相互交流,取长补短,教师也参与其中,适时启发学生,使学生在互相促进中共同提高,逐步提高符合个性发展的自主学习能力。语言学习互动观无论在内容上还是在形式上都与传统的教学观和"自主性"学习有所不同。

(四) 学生自评与教学评估

《教学要求》对大学英语课程的评估目的既是"改进教学管理、保证教学质量",又是"学生调整学习策略、改进学习方法、提高学习效率",包括师生两方面的评估。目前高校教学评价普遍存在"两种"现象：

1. 学生"怕"教师的传统的法宝，即"纸质型"考试，为了获得相应的学分，避免重修、保住奖学金而机械地、短时地记忆突击应付考试；

2. 教师"怕"新生事物，即学生的"个性化"评教，评教的过程掺杂着学生较多的"个性发展"的个别因素，非英语专业的学生特别表现出个体对大学英语学习需求的"千姿百态"，这使得教师在教学中处于尴尬的境地。

"个性化"模式应该有配套的"个性化"评价手段，因此，《教学要求》对教师的评估方式也"不能仅仅依据学生的考试成绩，而应全面考核教师的教学态度、教学手段、教学方法、教学内容、教学组织和教学效果等"。

（五）"个性化"教学有利于"个性化"人才培养

"个性化"体现出个性发展、职业规划和社会需求相结合，是符合当前知识经济、和谐社会需要的较高要求的教学模式。"个性化"在教育理念上是对"自主性"的修正，不是排除"自主性"，目的是使学生既有个性特长又有自学能力。因为"教学模式改革成功的一个重要标志"就是"学生个性化学习方法的形成和学生自主学习能力的发展"。学生需要利用语言学习自主性的优势，但更需要富有个性化的方向。

"个性化"模式避免教学过程中的"一刀切"现象，这给大学英语课堂教学、常规教学管理、课程设置、教材选用、评价手段等留出了改革的空间。从事大学英语教学的教师要以《教学要求》为"纲"，探索并投入大学英语教学改革的主旋律中，积极为学生营造有利于个性发展的学习环境，积极为社会培养懂专业、职业规划明确又掌握一定程度外语的新型实用人才。

第三节　网络环境下大学英语教学的优势

计算机及其网络的发展在改变着人们的经济模式和文化观念的同时，对英语教学也产生了巨大的影响。在几年的实践过程中，笔者发现网络与课堂的整合是一个很有发展前途的可行的教学模式。

一、传统大学英语教学

在高校的英语教学主要还是由三个要素构成：教师、学生和教学内容，教师授课的手段不少也是简单的"三部曲"：讲授、板书、录音。在教师教授的课堂上，学生还是在被动地学习英语。而充分利用网络环境进行的大学英语教学却是其他任何传统教学方式都无法相比的。

二、在实践中探索总结出网络环境下的大学英语教学的优势

（一）网络环境下的英语教学是一种与传统教学有很大差别的全新的教学模式

传统的英语教学基本上还是根据行为主义理论，强调的是刺激—反应，教师的作用只是起到一个外部刺激作用，教学当中忽视了学生内在心理反应。根深蒂固的教学模式是以教学为中心的，学生在学习过程中，处于被动的位置上，学生成了知识灌输对象。它扼杀了学生的个性。

另一方面，"统一式"授课也是弊端之一，教师面对的是全班学生，满足不了学生个性差异的要求，因而教师提供的有效信息是有限的。二十世纪九十年代的多媒体教学，虽然在教学形式上有所变化，但也脱离不了教师的"导"的作用，只是把"人"灌变成了"电"灌。而英语的信息化教学是以文本书籍、光碟软件、网上资料三大资源为基础，强调的是以学生自学为主体，培养他们的存储能力、检索能力、多媒体表达能力、道德情感能力、协作学习能力和自主学习能力。例如：在学习 weather 这一单元的时候，笔者对学生提出如下要求：

1.运用教学软件。例如：金山词霸，东方快车等，查出一些有关天气的单词进行读写背。

2.组成学习小组进行分工,到网上寻找有关天气的资料和国家城市的天气情况。

3.对在学习过程中遇到的问题随时请老师或小组的同学讨论帮助解决并记录在个人文件夹上。

4.把读到的和查到的东西通过小组合作的形式制成网页。

教师归纳总结存在的典型问题,集体评议每小组网页的质量并布置下次学习内容。整合课要求以单科为主线,其余学科为发散点或支撑点共同组成综合性课件。并由学生们自己完成,学生们完成工作后,进行综合讨论评价,打通学习小组间知识的局限,让每一个工作小组在评价别的小组工作的过程中全面掌握资源库中的知识。评价时需要做评定记录。

这种教学法从根本上改变了传统教育教学理念,它在课堂教学、知识结构、课程安排、能力评价、协作学习、师生关系等方面都发生了质的变化。真正体现了学生"自主学习、协作学习"的核心思想。

(二)网络环境下的大学英语教学是一种教师与学生互动的教学模式

传统的英语教学是以教师为主体的,这大大妨碍了学生创造性思维的发展,也限制了教师的知识空间。新的教学模式不但开阔了学生的学习视野,而且也给教师在专业知识上、信息化素养上、知识范围上提出了更高的要求。

同时随着学生创造思维的不断发展,教师可从学生活跃的思维浪花中体会、学习到非常规的思维方式,进而促进教师知识的全面发展。英语的常规教学,学生的知识信息主要来源于教师,学生的学习交流一般都是在课后与放学这一段时间内,而且大多都是以本族语为主,而网络就为学生的英语交流提供了广阔的空间。

第四节　网络教学环境下高校英语教师角色特征分析

随着现代信息技术的飞速发展，网络远程教学、多媒体课件等将成为一种全新的教学手段。它们的出现也将彻底改变依靠"四个一"（一本书、一张嘴、一支笔、一块黑板）的传统大学英语教学模式。如何利用网络资源创设英语教学环境、提高学生学习积极性，以及教师在网络教学中应该如何定位都成为大学英语教学面临的新课题。

一、网络教学的优点

（一）学习过程生动、有趣

网络多媒体课件教学形式新颖多样、活泼、内容丰富，声、像、图、文并茂，使传统英语教学模式中抽象、单调的学习过程变得直观且生动有趣；大大地丰富了教学方式、教学手段和教学内容，优化了教学环境；充分调动了学习者的各种感觉器官，眼耳并用，听、说、读、写相互促进，利用各种形式的语言实践活动来强化、拓宽教学内容，拉近了学生与语言之间的距离，激发了学生学习语言的兴趣，使学生完成从"要我学"到"我要学"的跨越，最终能帮助学生养成自主学习的良好习惯。

（二）突破时空局限

网络教学不仅局限于课堂教学，还可以将学习过程融入学生的课外活动之中。随着计算机和网络知识的普及，学生能通过互联网随时随地搜索、了解、获取相关学科的信息。通过网上英语教学系统，学生可以及时了解到英语国家的最新信息，这既进行了听力、阅读等实践，又拓宽了视野。正是因为网络教学具有很强的交互性，才使学生摆脱了过去课堂教学时空的限制，能方便地与教师进行沟通交流，获取帮助。

(三) 教师真正做到因材施教，学习内容的个性化

在传统教学模式下，由于教师是按照事先设计好的教案授课，而学生间又存在着极大的个性差异，因而统一授课就容易造成水平较高的学生感到节奏太慢，只好在课堂上干自己的事；水平较差的学生抱怨节奏过快跟不上而索性缺课。进行网络教学可以很好地解决这一问题，学生可以根据自身的水平和需要，自由选择适合自己水平的学习资料，可以设定自己的学习目标，决定学习进度，语言学习任务就能符合学习者的认知发展水平。在学习中学生还可以不断做出调整，这就能使教师真正做到因材施教，学习内容的个性化。

另外，网络教学在缓解英语师资紧缺、减少英语教师教学负担方面也起到了重要作用。

二、教师在网络教学中的角色定位

网络教学因具有很强的交互性、开放性、迁移性和个性化等特点而迅速成为一种全新的教学方式，这使得在传统英语教学环境中成长起来的教师面临巨大挑战。广大英语教师必须更新教学观念，适时调整自身定位，按照新的教学理念来开展教学活动。

(一) 网络教学中的教师首先应是个"学习者"

在"学习型"社会里，英语教师要永远保持学习者的心态，努力提高自身的英语水平。因为教师的基本功、广博的知识对大学英语教学效果有着直接的影响。在网络时代，英语教师要充分学习计算机相关知识，如Powerpoint、Authorware等应用软件，利用多媒体网络技术在互联网上大量搜寻资料，结合课本的配套教学光盘，进行精心编辑和整理，制作出高质量的多媒体教学课件。

(二) 课堂活动的"设计者、组织者、管理者"

在网络教学中，学生成为教学活动的中心，处于主体地位；教师不再

是知识、信息的传播者，而应承担起设计者、组织者、管理者的职责。教师要认真进行教学内容、教学情境、教学媒体的设计，让学生在有限的时间里学到更多的知识。

可以说，设计是取得良好教学效果的第一步，而良好的组织形式和流程结构是教学成功的基础。在组织教学过程中，教师必须根据教学中出现的问题做出适时调整，活跃课堂气氛，创设一个人人参与的英语教学环境，鼓励学生参与互动交流，积极发表个人见解。教师要从内容的安排、活动掌控、时间的控制等环节入手，组织和引导学生有效地完成教学计划，实现教学目标。教学成功的另一要素是管理，信息化教育的一个重要特征是管理的自动化。网络给教学管理带来了诸多的方便。教师、学生及学生家长都可在评价网络中了解教师的教学情况和学生的学习情况，日常教学管理也实现了自动化，教师可自主地监控学生的学习情况，以便让教学与学习活动有效、有序地进行。

（三）教师是学生学习过程中的"帮助者、合作者"

在这种全新的教学方式中，教师的职责发生了改变，除了传授知识外，教师应更多地激励思考，培养和激发学生的学习动机，引导学生建立合适的学习目标；帮助学生学会如何利用互联网来获取信息资源，如何有效地利用信息资源来完成学习任务；指导学生养成良好的学习习惯，培养学生终身学习的意识。此外，在信息教育时代，知识权威会发生颠倒。

曾经有人指出：人类学习和掌握电脑的能力往往与年龄成反比，从而就意味着人们掌握知识、信息的能力同样可能与年龄成反比。过去依靠丰富阅历的传统知识权威，在信息时代已经受到了冲击。的确，当代大学生在某些领域确实领先于教师，使教师的知识权威受到了前所未有的挑战。因此现在的教师应该与学生一道去探索，平等地与学生分享经验与知识。在精神交流与对话中，师生应做到真正的教学相长。

在网络环境下，教师的角色正在由单一化向多元化转变。虽然教师的主导地位发生了改变，但是并没有降低对教师的要求，相反，网络教学对英语教师提出了更高的要求。我们广大英语教师要进一步转变教学理念，加强专业知识、现代教育技术和教学理论的学习研究，以便更好地为大学英语教学服务。

三、网络环境下高校英语教师发展的途径

（一）传统的教学理念必须得到转变

在网络环境下，高校的英语教师想要得到更好的发展，一定要彻底转变传统的教学理念。现在网络教学的模式已经成为高校英语教学的主要模式，高校的英语教师必须要及时认清这一情况，使教学理念和自身的角色完成正确的转变。

但是因为传统教学理念对广大教师的影响已经根深蒂固，想要彻底改变很难，很多高校的英语教师对于最新的教学理念持质疑和观望的态度，在进行课堂教学时仍然采用以往传统的教学模式，学生必须在传统的模式下被动接受教师传授的英语知识。有些教师为了应付学校设置的网络多媒体技术教学的硬性要求，在学校检查时会运用多媒体技术进行教学，但是一般都是表面工程，并没有多少实际效果。教师的教学理念如果没有得到应有的转变，那么即使在教学中运用了多媒体教学设备，那么高校英语教学的质量也不会得到预期的提高。

所以，高校的英语教师必须使自己传统的教学理念得到应有的转变，这样其课堂教学才会实现本质上的转变，此时教师再辅以多媒体教学设备以及技术去辅助课堂教学，高校英语课堂教学的质量一定能够有效提高。

（二）对于自身的知识结构要有一个重新的认识

高校教师要实现更好的发展，就必须对自身的知识结构有一个重新的认识。现如今的网络环境之下，为了保证高校的英语教学能够更好地开展并实现一定程度的提高，高校的英语教师必须要使其自身知识结构得到更好的完善。在这个过程中，教师一定要强化自身英语方面的基础知识，这

是提高教学质量的基础。在英语基础知识得到了更好地巩固之后，教师就要学习更多的有关于教育的技巧与知识，这样就能够更好地掌握学生的状态。此外，教师还必须对西方英语国家的风土人情、文化禁忌有一定的了解，这样不仅能够解释英语当中的一些运用规律，还能够增加课堂的趣味性和教师的个人魅力。

综上所述，在网络信息技术飞速发展的背景下，高校的英语教师想要取得更好的发展，就必须紧跟网络时代的步伐，在结合学生学习实际情况的基础上对原有的教育模式进行一定的改革和创新。高校的英语教师如果想在网络环境下得到更好的发展，就必须在有关部门和学校的共同努力下，尽快提高高校英语教师的素质，这样我国高校英语教学的质量才能够更好地提高。

第五节　课堂教学与网络教学相结合的教学模式

英语是一门国际通用的语言，社会和经济的快速发展对人才的英语应用技能的要求越来越高。作为我国教育体系中重要的组成部分，英语也是高校非英语专业学生的必修课程，受到广泛的重视。如今，随着高校扩招的开展，大学生的数量快速增加，使得很多高校在教学资源的建设方面无法与之相适应，这对于高校英语教学的质量产生重要的影响。另外，受到传统教学体制的影响，很多高校的英语教学仍然采用传统的教学方式，单一的教学模式、落后的评价体系，使得学生的积极性和主动性都受到较大的影响。

近些年来，信息技术的发展为高校英语课堂教学的有效开展提供了更多的技术支撑，在新课改精神的指导下，网络教学逐渐受到重视，并且将其与传统的课堂教学相结合，能显著提高高校英语教学质量，促进教学资源的优化。

一、高校英语教学的现状

目前,在我国高校英语教学的实践过程中,大学生数量多、教学资源短缺的现象较为普遍,大部分高校都采用传统的大班教学方式,这对于教学效果自然会产生一定的影响。另外,由于广泛应用传统的教学模式,教师讲、学生听,单方面的知识灌输过程,无法有效培养学生的学习兴趣,久而久之,学生的积极性和主动性也逐渐消退,学生的主体地位无法得到充分的体现。因此也可以说,大班教学的模式是影响英语教学效率的一个主要因素。

随着新课程改革的深化,在教学观念和教学方法上有了一些创新,但是学生的积极性始终没有得到充分的调动,主要体现在两个方面:

(1)大部分英语教师的观念仍然停留在传统的课堂教学模式,他们认为英语的学习过程就是知识的传递过程,学生是知识被动的接受者;

(2)传统的大学英语课堂中,主要包括讲解、操练和输出三个基本环节,教学目标和教学内容都是由教师来确定,他们根据教学大纲的要求,以教材为依据,制订教学方案,教师的讲解任务繁重,但是效果并不理想。

基于上述分析,必须对传统的教学方式和手段进行全面的创新,才能促进高校英语教学质量的有效提升。

二、高校英语网络教学的特点

(一)网络教学的可行性和科学性

网络教学模式以认知理论和建构主义理论为基础,在网络英语教学模式下,学生是认知过程的主体,并不是直接对教学信息进行加工,而是通过学生的主动探索,实现对知识的搜集与整理,并且将其作为提高学生学习效率的主要手段，在传递信息的同时为学生创造切实可行的个性化学习环境，使学生在教师的引导下，通过自主学习获取知识。

（二）信息种类繁多

教学资源是影响英语教学效果的主要因素，包括题库、教材、多媒体课件等。网络教学模式能够将传统的教学资源转换为音频、视频、数据库等文件，也可以根据教学的需要对信息进行重组和规划。丰富的信息种类为网络教学的开展提供了足够的教学资源，也为教学活动的开展提供了更多可用的信息。

（三）教学过程中教学经验和素材积累量大

通过英语网络教学活动，教师与学生都能够获得各式各样的教学经验和教学素材。学生在课堂中对问题的反馈不仅可以作为传统英语课堂的教学素材，也可以作为今后英语网络教学的参考。随着英语网络课程的开展，教师与学生在教学活动中积累的教学和学习经验及素材能够分享给下届师生使用，并逐渐形成良性循环。

三、影响大学英语网络教学的因素

（一）网络教学平台的建设

网络教学平台的建设是影响网络教学开展的主要因素，网络平台建设的成果，直接关系到教学活动是否能够顺利开展。如果平台建设得过于复杂，则不利于初学者操作；如果平台界面过于花哨，则会影响学生的注意力；如果平台界面不够友好，则不利于学生个性化发展。因此，必须根据教学活动的要求，构建科学的网络平台，保证教学活动的顺利开展。

（二）教师的教学水平网络

教学模式的开展对教师的教学水平提出更高的要求，教师不仅要具备传播知识的能力，同时要掌握信息处理技术，能够将网络教学模式与传统的教学有机结合，根据网络教学的要求，对教学活动进行重新设计，把握课堂教学的节奏，与学生进行更多的沟通与交流，实现教学效率的提升。

（三）学生素质

在网络英语教学中，学生的自主学习能力是十分重要的，如果学生的自主学习能力不强，则无法通过网络教学模式获得显著的学习成果。网络教学模式为学生的自主学习提供了充足的空间，学生可以通过网络技术实现对学习内容与过程的自主选择，所以更注重的是学生获取知识和处理信息的能力。

四、高校英语网络教学与课堂教学的实践结合

（一）网络小组讨论与传统大班教学模式相结合

在高校扩招以后，由于大学生的数量激增，因此很多高校都不得不采取大班授课的方式。这种方式虽然解决了场地和经费的问题，但是在授课的过程中依旧存在很多其他的问题。这也是导致高校英语教学质量低下的一个重要因素。

因为这种大班教学模式下，教师无法与学生进行充分的沟通，只能单方面的灌输和讲授知识，无法实现对学生英语交际能力的培养。但是，在现有的条件下，并不能完全取消大班教学模式，这就需要引入网络教学模式，将其与传统的课堂教学模式相结合。在传统的讲授过程中充分运用信息技术，引入小组讨论模式，使学生能够通过小组学习提高问题的分析能力和解决能力，也有助于激发学生的积极性，使他们积极地参与到课堂学习中，提高学习效率。

（二）网络自主学习与课堂集中教学相结合

网络自主学习方式是一种能够充分体现信息多样化特点的教学模式，将其与传统的课堂教学相结合，能够更加有效地体现课堂教学的互动性，从而促进课堂教学优势的充分发挥。同时，网络自主学习与课堂集中教学相结合的方式，能够达到取长补短的作用，使学生在接受教师知识传输的

同时，通过自主学习加强对知识的理解和记忆，从而促进学生自主学习能力的提升。

(三) 网络教学资源与课堂教学资源相结合

在以往的课堂教学中运用多媒体技术，需要通过制作教学课件等辅助教学，课件的制作需要花费较多的时间，而且在应用效果方面也并不显著。

在网络教学中，可以充分利用网络资源，利用互联网这个信息平台，将网络资源引入课堂中，直接进行播放，不仅能够节约大量课件的准备时间，而且也有利于获取最新的教学资源，更显著地吸引学生的注意力。另外，教师可以根据教学内容，整理出相应的学习方法在网络平台进行分享，以此来帮助学生提高学习效率。

(四) 精读听力网络化与口语语音学习传统化相结合

精读听力在网络教学中有着十分重要的作用，因为其具有充足的听力资源和文本资源，能够满足学生反复练习的需要。

精读听力网络化与口语语音学习传统化的有效结合，能够充分发挥网络教学的辅助作用，消除传统教学模式中时空分离的特点，突破硬件的局限，为教师与学生之间、学生与学生之间的沟通创造更大的平台，实现双方的双向交流。在这种情况下，学生可以通过网络创设相应的情境，使学生在听力和口语语音的学习方面取得较大的突破。

综上所述，信息技术的快速发展促进了现代教育教学手段的不断更新，也为新时期高校教学质量提出更高的要求。在新课程改革不断深化的大背景下，高校英语教学要科学运用信息技术，将网络教学与传统的课堂教学有机结合，在充分尊重学生主体地位的基础上，将以往的被动接受转变为主动探究，积极引导学生参与到课堂学习中，激发学习兴趣，提高学生学习英语的积极性和主动性，从而更有效地提升学生的英语技能。

第六节 "互联网+"背景下的大学英语教学变革与创新

早在 20 世纪 80 年代，录音机等设备已经运用到大学英语的教学中。后来，我国的各大高校普及了计算机和网络技术，多元化的资源为大学英语课堂拓展了新的空间。如今，"互联网+"的时代已经到来，尤其是移动终端如手机的发展和变革，极大地改变了大学生们的学习和生活方式。所以，在"互联网+"的背景下，大学英语教师应顺应时代发展，转变教育思路，积极探索适合当前大学生需求的教育新模式，以达到更好的教学效果。

一、"互联网+"时代大学英语教学面临的挑战

"互联网+"时代为大学英语教育带来全新理念的同时，在教学资源、教学方式、教学反馈等方面也带来了诸多困难和挑战。如何有效利用互联网这把"双刃剑"是大学英语教学应该面对的问题。

（一）海量的互联网信息利弊皆有

在"互联网+"时代，大学生真正成为"移动一族"，几乎可以不受时间地点的限制获取更多、更新的信息，学习生活范围无限扩大。但是，我们也应该看到，部分大学生自主学习能力较差，互联网时代让他们有限的精力更多地分散在与学习无关的海量信息中，在课堂上低头玩手机的现象时有发生。在传统课堂中，部分学生虽然主动性不强，但迫于老师"填鸭"式的授课方式还是接收到很多知识。但在互联网学习模式下，这部分学生更容易"放任自流"，他们的学习时间更加"碎片化"，学习效果差强人意。作为一门语言学习，必须有大量的时间进行系统性的练习，如何甄别选择信息，将相关知识和扩充的信息结合起来，需要老师和学生的不断摸索。

（二）对教学手段和教学技能提出挑战

在传统英语课堂中，是以教师的"教"和学生的"学"为主，学生大多数时候是被动的。但在互联网时代，微课、慕课、翻转课堂等全新方式被越来越多地运用到大学英语教学当中。要求学生课外按照老师准备的教学视频、知识点进行大量的自主学习。而在课堂上则要改变教师和学生的主被动模式，通过生生交流、师生交流实现互动式教学。这就需要老师和学生借助现代教学手段完成角色和定位的转变。在具体实施过程中，往往涉及多种技术的运用，例如翻转课堂就要求教师能制作高水准的教学视频。但是目前多数的大学英语教师教学任务繁重，科研压力较大，不具备相应的教学技能，进行课程的改革和创新的能力明显不足。这也限制了互联网在教学中发挥作用的广度和深度。

（三）高校硬件、教材等资源比较滞后

尽管语音教室、电脑等设备等在高校中已经普及，但利用率不高，利用效果不佳，最多也就是在课堂上与部分同学进行有限听说练习，播放一些英文短片等，与互联网时代要求的互动式教学所应具备的硬件条件还有较大的差距。另外，目前高校使用的大学英语的教材仍然是中规中矩的老一套，学生也仍然是死记硬背教材上的单词句型，缺乏学习兴趣，与互联网更是毫不沾边。教材中体现的思想、教学目标、教材选材内容与练习方法对语言材料和教学活动的效果起着至关重要的作用。需要我们广大大学英语的教育工作者有实验性和前瞻性地进行教材改革，以适应时代的发展。

二、"互联网+"背景下的大学英语改革思路

目前多媒体技术已经融入了大学英语的课堂，例如语音教室、教学电脑的使用等等。在教学中，师生之间也经常利用微博、QQ、微信等方式进行阅读扩展、外文背诵、翻译练习等。但从根本上来说，这只是利用互联网扩充了英语教学的资源和手段，增强了学习的趣味性和便捷性，并不是

真正意义上的"互联网+"的教学模式。大学英语的教学还是如以前一样：过于重视语法和阅读，缺乏听力和口语环境，围绕CET-4进行应试教学，学生学习英语缺乏积极性等。笔者认为，真正的"互联网+"教育应该是一种充分利用信息技术的、区别于传统模式的互动式教学，在大学英语教学的词汇、听说等方面大有可为。

（一）"互联网+"背景下大学英语词汇教学的改革

英语词汇是大学英语学习中最基础的部分，在大学阶段对词汇量的要求较高。尽管老师和学生都在词汇环节投入了大量的时间和精力，但由于学生基础差别较大，教学方法陈旧，学生对词汇的掌握情况仍然不尽如人意。

在词汇学习中，笔者认为移动智能设备如智能手机、平板电脑在这一领域很有作为。目前，高校大学生移动智能设备的拥有率为100%，这些设备都能快速接入互联网，而且具有独立的操作系统。大量涌现的第三方软件，为学习大学英语词汇奠定了软件基础。教师可以选择合适的学习平台，帮助学生制订学习计划，让学生不受时间地点的限制灵活地进行学习。有条件的高校甚至可以根据自身的实际情况开发英语词汇学习的APP，帮助学生更好地掌握英语词汇。

必须指出的是，运用移动智能设备进行英语词汇的学习要注意以下几个问题：第一，要重视软件的甄别。目前，可供选择的教学APP比比皆是。笔者仅在某款手机的"应用商店"中以"英语词汇"为关键词进行搜索，大学阶段适用的APP就达50余款。这些软件虽然有共同之处，但也存在巨大差异。所以，教师要选择系统性强，适合大学生的学习平台，并精心设计学习环节。第二，要注重学习效果的反馈。利用移动智能设备进行词汇学习并不是放弃传统课堂的功能。相反，传统课堂需重新定位，在课堂上完成课外学习情况的反馈。通过设计任务、完成试卷等方式，检查学生的学习情况，也能及时发现问题。第三，借助网络平台建立科学适宜的学习评价体系，对教学活动的开展和结论提供参考依据，也让学生更全面的了解自己的学习态势。这样，教师才能将课内外有机结合起来，达到更好的学习效果。

(二)"互联网+"背景下大学英语听说教学的改革

英语听说一直是我国大学生的软肋，长期以来过于重视语法、阅读、作文等题目的练习造成很多学生对于这门语言"难以启齿"，听说能力低下。英语听说的教学主要依赖于情境教学，传统课堂的情境是通过文字来构建的。而互联网中丰富的语言、视频内容可以作为很好的教学素材，而且与词汇学习一样，移动终端将学生从语音教室、教学电脑中"解放"出来，可以随时随地接受语言的学习熏陶。一方面，英语听力的培养。目前，互联网中有大量的英语听力素材。教师要根据相关知识点指导学生选择合适的材料进行听力的练习，如日常会话、情景模拟、英文影视歌曲等，注意剔除互联网中的不良信息，通过优质信息提高学生的听力水平。另一方面，英语口语的培养。通过互动平台与世界各地说英文的人进行多样化、常态化的交流，了解英语的用语习惯，通过这种方式练习口语，做到敢说、能说、说好。另外，师生之间课外也可以通过互联网举行讨论、演讲、测试等，扩大了师生交流的空间。

新技术新手段的运用为教学改革带来了前所未有的机遇和挑战，尤其在互联网技术日新月异的今天，更需要召唤有实验精神的教师和学生迎接教改的浪潮，不断拓展学习的时间和空间。

大学英语是大学阶段的重要课程，目前大多数高校都开设了长达两个学年，每学期4到6个学分的大学英语的课程，涉及除英语专业外的其他各个专业，学生的英语基础千差万别，传统教学模式下教师总感到疲惫不堪，但学生学习的积极性也并不乐观。大学英语作为一门语言课程，应用性极强，需要长期系统性的学习和训练。互联网为大学英语的教学开辟了全新的视野，作为教师和学生都应该有充分的心理和技能的准备，不断在教和学的技能、教学手段等方面提高自己的认知和实践水平。

参 考 文 献

[1] 蔡玲. 大学英语教学实践探索 [M]. 长春：吉林文史出版社，2021.

[2] 蔡晓琳. 英语教学与文化贯通研究 [M]. 长春：吉林文史出版社，2017.

[3] 陈胤汶. 多元文化视域下大学英语教学与设计研究 [M]. 长春：吉林人民出版社，2021.

[4] 邓红英，聂俊俊，李兰杰. 英语教学研究 [M]. 北京：经济日报出版社，2017.

[5] 范茗. 多元语境下的英语发展 [M]. 成都：电子科技大学出版社，2015.

[6] 高红梅，管艳郡，朱荣萍. 高校英语教学创新性研究 [M]. 长春：吉林人民出版社，2021.

[7] 郭辉，王永红，张哲华. 多元文化理念与当代英语教学探索 [M]. 长春：吉林大学出版社，2012.

[8] 郭炜峰，董奕枫. 英语教学与文化传播 [M]. 延吉：延边大学出版社，2018.

[9] 何继红，黄立鹤. 一体化与多元化的英语教育 [M]. 上海：同济大学出版社，2017.

[10] 霍然. 跨文化英语教学研究 [M]. 长春：吉林出版集团股份有限公

司，2019.

[11] 金红卫，陈勇. 英语认知能力构建与高职实用英语教学改革 [M]. 长春：吉林出版集团股份有限公司，2018.

[12] 丽娜. 大数据驱动下的大学英语教学革新与探索 [M]. 长春：吉林人民出版社，2021.

[13] 刘梅，彭慧，仝丹. 多元文化理念与英语教学研究 [M]. 延吉：延边大学出版社，2018.

[14] 刘亚娜. 高校英语教学理论与实践探究 [M]. 长春：吉林人民出版社，2020.

[15] 罗俊，李树枝，侯丽梅. 基于高效课堂视角下的英语教学研究 [M]. 青岛：中国海洋大学出版社，2018.

[16] 舒婧娟，汪萍，鲁春林. 基于多维视角下的英语教育模式研究 [M]. 青岛：中国海洋大学出版社，2019.

[17] 谭竹修. 多元文化教育视域下大学英语教学理论探索 [M]. 天津：天津科学技术出版社，2018.

[18] 王磊. 高校英语教学转型发展研究 [M]. 长春：吉林人民出版社，2019.

[19] 王轶普. 多元环境下英语语音教学改革创新研究 [M]. 长春：东北师范大学出版社，2019.

[20] 魏微. 大学英语教学基础理论与实践研究 [M]. 长春：吉林人民出版社，2020.

[21] 吴美兰. 大学英语教育的教学方法和探索 [M]. 天津：天津科学技术出版社，2018.

[22] 肖婷. 多元文化与英语教学 [M]. 天津：天津科学技术出版社，2017.

[23] 杨海芳，赵金晶. 多元文化与当代英语教学 [M]. 天津：天津科学技术出版社，2018.

[24] 杨玲梅. 多元背景下的大学公共英语教学与跨文化交际研究 [M]. 北

京：北京工业大学出版社，2019.

[25] 杨雪飞. 多元文化视域下的大学英语教学研究 [M]. 北京：北京理工大学出版社，2019.

[26] 杨颖，孙建璐，陈晓丹. 多元文化视阈下的当代英语教学研究 [M]. 长春：吉林大学出版社，2012.

[27] 于辉. 当代大学英语教学改革多元化趋势研究 [M]. 长春：吉林大学出版社，2018.

[28] 张艳玲. 英语教学的理论、模式和方法 [M]. 青岛：中国海洋大学出版社，2018.

[29] 张颖. 多元视角下大学英语教学探索 [M]. 北京：现代出版社，2021.

[30] 郑春伶. 多元社会文化与大学英语教学研究 [M]. 北京：北京工业大学出版社，2020.

[31] 郑侠，李京函，李恩. 多元文化视角下的大学英语教学研究 [M]. 北京：知识产权出版社，2018.

[32] 周晓娴. 多元化文化理念与当代英语教学策略研究 [M]. 天津市：天津科学技术出版社，2017.

[33] 周雪. 多元视阈下的大学英语教学研究 [M]. 北京：中国商业出版社，2022.